WOLVES

- THE 25 YEAR RECORD

1972-73 to 1996-97 Seasons

SEASON BY SEASON WRITE-UPS
David Powter

EDITOR
Michael Robinson

CONTENTS

Season-by-season Write-ups – 1972/73 to 1996/97 3-14

Cup Competition Results – 1972/73 to 1996/97 15-17

Season-by-season Line-Ups & Results – 1972/73 to 1996/97 18-67

Final League Tables 68-72

British Library Cataloguing in Publication Data
A catalogue record for this book is available from the British Library
ISBN 0-947808-79-5

Copyright © 1997;   SOCCER BOOKS LIMITED   (01472-696226)
72, St. Peters' Avenue, Cleethorpes, N.E. Lincolnshire, DN35 8HU, England

All rights are reserved. No part of this publication may be reproduced, stored into a retrieval system or transmitted, in any form or by any means, electronic, mechanical, photocopying, recording, or otherwise, without the prior written permission of Soccer Books Limited.

Printed by Redwood Books, Kennet House, Kennet Way, Trowbridge, Wilts.

WOLVERHAMPTON WANDERERS
– Seasons 1972-73 to 1996-97

For the second time in three seasons, Wolves reached the First Division play-offs in May 1997 only to crash out at the semi-final stage. The Molineux outfit are undoubtedly the biggest club in the country yet to taste Premiership football. In fact, the Football League founder members and three times Champions saw their exile from the top-flight stretched to a thirteenth season in 1996-97.

It's unlikely that the next quarter of a century will be any more dramatic than the period 1972-73 to 1996-97, when Wolves twice finished in the country's top six, twice collected the League Cup and then cascaded through all the divisions in successive seasons to sink into the Fourth Division for the first time in their history. Then, after staving off a severe financial crisis, they bounced back to the second-flight by winning the Fourth and Third Division titles in consecutive seasons. With their stadium superbly rebuilt, Wolverhampton Wanderers' return to the country's elite is surely within touching distance.

Bill McGarry's Wolves were considered to be one of the country's top clubs in 1972. For the second successive campaign they finished in the top half of the First Division and had just narrowly failed to win the UEFA Cup, having been beaten in the two-legged final by Football League rivals Tottenham Hotspur. There was to be more cup disappointment in 1972-73 when they fell at the semi-final stage of both domestic competitions. The only consolation was that their League placing earned another shot at the UEFA Cup.

Wolves were not wholly consistent in 1972-73 but still finished 5th, with John Richards netting 27 times to become the Division's second highest scorer. Their League Cup run gained momentum only to be terminated 4-3 on aggregate in the semi-final by their old foe Spurs. In the F.A. Cup they disposed of Manchester United, Bristol City and Millwall, all by a single goal at Molineux before beating Coventry City 2-0 in another home tie to reach the last four. The opportunity of appearing in the first F.A. Cup final for the first time in 13 years was torpedoed by Leeds United, who won by a solitary goal at Maine Road.

The 1973-74 campaign opened with the held over F.A. Cup match against Arsenal to decide which of the two 1973 beaten semi-finalists would take third place. That Highbury match ended 3-1 in Wolves' favour, but it was the only F.A. Cup tie the club won that season as for the second successive term Leeds proved too good for them – this time at the third round stage.

McGarry's men fared little better in the UEFA Cup. After beating Belenenses in the opening round they were derailed by Lokomotive Leipzig on away goals. The East German outfit triumphed 3-0 in their own back yard and scored a crucial away goal at Molineux to devalue the home side's four.

There was no stopping Wolves in the League Cup though, with Liverpool and Norwich defeated in the later stages to set up a Wembley meeting with Manchester City. Kenny Hibbitt gave Wolves a first half lead, but it was John Richards who netted the dramatic winner near the end after City had squared matters. A trophy was on its way to Molineux for the first time in 14 years. The other members of that victorious team were skipper Mike Bailey, Gary Pierce, Geoff Palmer, Derek Parkin, Frank Munro, John McAlle, Alan Sunderland, Derek Dougan, David Wagstaff and substitute Barry Powell.

The League Cup triumph proved to be a consolation for a disappointing League campaign in which a poor spell of five successive defeats early on pushed them near the bottom of the table. An unbeaten eight match sequence around Christmas improved their position and they eventually finished 12th after losing only twice in their last 13 fixtures. Dougan topped the club's scoring chart with 10 goals.

Another 12th place followed a year later when after a bright start they became bogged down in mid-division. Hibbitt was the main marksman with 17 goals. There was no cup joy in 1974-75 with Wolves falling at the first fence in all three competitions. Second Division Fulham proved too good for them at Molineux in the League Cup and they also exited the F.A. Cup at home to Ipswich. They did beat Porto 3-1 on their own soil in the UEFA Cup, but the damage had already been done in Portugal, where they suffered a 4-1 reverse, and thus slid out 5-4 on aggregate.

Third Division Mansfield ended Wolves' involvement in the 1975-76 League Cup, but there was a creditable F.A. Cup run in which Arsenal, Ipswich and Charlton were all knocked out before they eventually lost 3-2 to Manchester United in a sixth round replay.

That F.A. Cup run was the only ray of sunshine though in a relegation season. The retirement of first Dougan and then Wagstaff, both through injury, hit the club hard. Only one of the first 11 games were won and McGarry's side never climbed above 19th place. They finished the campaign in 20th position and lost their top-flight status after a nine year stay. Relegation might have been avoided but for three defeats in the last four games which meant they finished 3 points short of safe Birmingham City. Even as late as the last day of the season Wolves might have scrambled clear. If the half-time scores had also been the full-time scores, Birmingham not Wolves would have been relegated. Richards was the leading scorer with 17. McGarry resigned after seven and a half years at the club and his assistant Sammy Chung stepped up to become manager.

Chung's side regained top-flight status at the first attempt. They were on the shoulders of long term leaders Chelsea for much of the campaign, but hit the front in the spring and took the title by drawing 1-1 with the West Londoners at Molineux in the penultimate fixture. The final gap between the two clubs was just two points. Hibbitt top scored (with 16), while Richards and Sunderland each hit 15. Wolves scored 4 or more goals on eight occasions, but surprisingly lost 6-2 at home to Southampton (3 days after beating Hereford 6-1) during an eventful October. One man who missed out on the Championship celebrations was former captain Mike Bailey, who had moved to the U.S.A. after making 361 League appearances (19 goals).

Wolves lost at home to Third Division Sheffield Wednesday in the League Cup in 1976-77 and it was another Yorkshire side, Leeds, who ended their

F.A. Cup hopes at Molineux at the quarter-final stage. The Second Division side had previously claimed the scalp of Ipswich in the fourth round.

Second Division Luton defeated Wolverhampton Wanderers in the League Cup in 1977-78 as the Molineux men fought desperately to hold on to their First Division status. They won their first two fixtures, but then struggled – winning only three more times before Christmas. Another poor spell, when they took just 4 points from 9 games, dragged them into serious trouble and they were grateful to end on three wins which took them up to 15th place – just four points above relegated West Ham. Richards finished as the leading scorer, with 11 goals.

The 1978-79 campaign opened with three defeats and altogether 11 of the first 14 games were lost. Not surprisingly Chung lost his job during this spell and John Barnwell was appointed as the new manager. The ex-Peterborough boss was successful in his first game at the helm, but it was some time before his new side got out of trouble. Wolves were still in the relegation zone when they pulled off an excellent 1-0 victory over Arsenal at Highbury at the end of February. They finished 18th, 9 points clear of the danger line, with Richards netting 9 times to be top scorer. Barnwell missed the last five games after his skull was fractured in a car smash and his assistant Richie Barker took temporary control.

Fourth Division Reading knocked Wolves out of the League Cup in 1978-79, but there were strong hopes of a turn of fortune in the F.A. Cup as Brighton, Newcastle, Crystal Palace and Shrewsbury Town were all defeated on the way to the last four stage. However, this time there was no defeating Arsenal, who triumphed 2-0 at Villa Park.

With Barnwell back at the helm, Wolves enjoyed a splendid campaign in 1979-80 when they lifted the League Cup and also finished 12 places higher in the League. Steve Daley moved to Manchester City for a British record fee of £1.15 million in September. Emlyn Hughes was recruited from Liverpool to skipper the side and Andy Gray arrived from Aston Villa to beef up the front line. Gray netted a dozen League goals, but Richards netted 13 to be top scorer yet again. After a good start they faded to mid-division, but recovered to take 6th spot in the final table. There were no ever presents, but Barnwell had a settled side with 11 men featuring in 29 or more games.

Burnley, Crystal Palace, Q.P.R., Grimsby and Third Division Swindon Town (4-3 on aggregate) were sidestepped en route to Wembley in the League Cup to set up a meeting with Nottingham Forest. Gray slotted home the only goal midway through the second half to ensure Hughes was able to raise the trophy high to the delight of the old gold masses. The other members of the victorious team were Palmer, Parkin, Hibbitt, Richards, Paul Bradshaw, Peter Daniel, George Berry, Willie Carr and Mel Eves.

The only promise of silverware in 1980-81 came in the F.A. Cup. Stoke, Watford, Wrexham and Middlesbrough (after a replay) were defeated to take Wolves into their 13th F.A. Cup semi-final. A penalty from Carr enabled Barnwell's side to level the Hillsborough clash with the holders Spurs at 2-2 and take the tie into extra-time. There were no further goals and when the two sides resumed their battle at Highbury, the Londoners ran out 3-0 winners and the following month retained the trophy.

Earlier in the term Wolves perished in both the League Cup and the UEFA Cup at the first hurdle. Third Division Cambridge United killed off their hopes of retaining the League Cup and PSV Eindhoven proved too good for them in Europe. Having lost the away leg 3-1, Wolves just failed in the second leg when Eves registered the only score.

Their League form was very inconsistent and they only once managed to win two successive games. Safety was only secured by beating Spurs 1-0 in their penultimate home game and they finished just two points above the danger line in 18th. Richards (13 goals) was the top scorer for the sixth (and final) occasion.

It was Eves who headed the list of scorers twelve months later but his total of 7 was indicative of a dreadful campaign which ended in relegation and defeats in both cups in the round of entry. It all went wrong from the early stages with only two of the first dozen fixtures bearing wins – a period in which only 4 goals were scored. In fact the team netted more than once on only six occasions and mustered a pitiful tally of 32 goals. They finished 4 points short of safety in 21st position. Barnwell left in the the middle of the campaign and was replaced by former Oxford United boss Ian Greaves. Another man to leave Molineux in 1981-82 was full-back Derek Parkin after a club record 501 League appearances (6 goals).

Greaves' stay in the Molineux manager's office was to last just six months before he was sacked when a consortium headed by Derek Dougan took control of the club. Dougan's choice as manager was Graham Hawkins, a former Wolverhampton player. Just as six years previously, Wolves bounced straight back to the First Division at the first time of asking. This time they had to be content with the runners-up spot though, ten points behind Q.P.R.

Building on a bright start they registered seven wins from eight games around Christmas to put themselves in the driving seat; however, ten of the final 13 matches were drawn to leave the door wide open for Rangers to take the title. Nevertheless, promotion was a fine achievement by Hawkins in his first season in management. He was fortunate to have a settled side with 11 players featuring in more than 27 games. John Burridge was excellent between the posts in 1982-83 and Eves was again the principal scorer, this time with 18. John Richards made his 387th and final League appearance in a Wolves shirt in 1982-83 – his tally of goals was 144.

Things quickly turned sour again though in 1983-84 after a dismal start in which they failed to secure a win in the first third of the season signposted relegation. Only six League games were won all term and Hawkins was sacked in April, with his side lying rock bottom. Jim Barron took over on a caretaker basis. Wolves totalled only 29 points – 12 behind Notts County who finished in 21st place. The tally of goals was a paltry 27 – 6 of which came from top scorer Wayne Clarke. Wolves fans saw their side hit more than one goal on just 5 occasions and there was no joy in the cups either. Andy Gray (133 games – 38 goals) and Kenny Hibbitt (442 games – 88 goals) wore the old gold shirt for the last time in 1983-84.

The new manager for 1984-85 was the much travelled Tommy Docherty. Despite being handicapped by the club's dire financial situation, his side made a reasonable start, with a return of 8 points from 5 games. However, things quickly turned sour with five successive defeats. Just when Wolves seemed to have got back on an even keel with 13 points from six games, a disastrous 19 game winless patch (when they failed to score in 15 of those fixtures) sent them plummeting into deep trouble. They eventually finished bottom – seven points short of safety. A very youthful Tim Flowers made 38 appearances in his first Football League campaign, while three players – Alan Ainscow, Mark Buckland and Tony Evans netted 5 times to be the joint top scorers.

Docherty was sacked in the summer of 1985 as the club prepared for third-flight football for the first time in 61 years. Unlike 1923-24, when they bounced back as Champions, matters continued to go from bad to very much worse. The club survived a winding up order in August 1985, but on the pitch 30 goals were conceded in the first 10 games, during which period caretaker manager Sammy Chapman gave way to Bill McGarry. The former manager had been away from Molineux for more than nine years, but his second spell lasted just 61 days before he resigned in total despair. Chapman regained the reins and the club slid into the Fourth Division for the first time. Altogether 34 players (including 18 debutants) were used in 1985-86 and a fragile defence conceded 98 goals. Andy King top scored (with 10) despite leaving the club in early December. Never higher than fifth bottom they finished 23rd – 6 points short of safety. Only victory in their last match prevented them from filling bottom position for the third successive season.

The club was still heavily in debt when Brian Little took on the caretaker role at the start of 1986-87. However, soon afterwards, Wolverhampton Council purchased the ground and Gallagher Estates, in conjunction with ASDA group, paid off the debts. A supermarket was built behind the ground's North Bank and, as part of the changes at Molineux, Sir Jack Hayward (OBE) became the club's president.

After a mixed start to 1986-87 on the pitch, results began to improve and the optimism grew after Graham Turner was appointed manager in the October. The former Aston Villa boss quickly made two significant signings from

West Brom – Andy Thompson and Steve Bull. The tireless Thompson was to be an important feature of the Wolves squad for almost eleven seasons, while Bull went on to win full England honours, break the club's goalscoring record and become one of Molineux's all time legends.

Turner's side took did take time to gel and in fact suffered the ignominious fate of being defeated by a Non-League side for the first time in 58 years. Their opponents were Northern Premier League Chorley, who knocked them out of the first round of the F.A. Cup – 3-0 in a second replay staged at Burnden Park. Wolves stuttered in the League, too, and slipped to 17th in early 1987. However, they finished the regular season in fine style, notching 15 wins from their last 19 fixtures, to take 4th place and qualify for the play-offs. Bull showed his potential by finishing top scorer with 15, while Andy Mutch contributed 11 goals. Geoff Palmer made his final appearance for the club in 1986-87 – altogether (in two different spells) he played 416 times and scored 13 goals.

In the play-off semi-final, Colchester were defeated 2-0 at Layer Road and a goalless draw at Molineux meant that just two matches with unfancied Aldershot stood in in the way of Wolves gaining promotion. The Shots shocked the favourites at the Recreation Ground though by snatching a 2-0 advantage on a waterlogged pitch. A near 20,000 crowd faced disappointment in the return leg in Wolverhampton, when Aldershot scored the only goal to leave Turner's men stranded in the basement for another season.

The early signs in 1987-88 were that the club might have to put up with Fourth Division football for even longer, but after a mediocre start prospects brightened considerably. With the country's leading scorer Bull (34 goals) and Mutch (19) spearheading the attack, Wolves topped the table for the first time at the end of October and were never headed in the second half of the season. They finished with 90 points, five more than runners-up Cardiff and recorded an emphatic 27 wins.

Wolves managed to knock out Third Division opposition in both senior cup competitions – Notts County (Littlewoods Cup) and Wigan (F.A. Cup) –

before exiting, but the real cup drama in 1987-88 came in the Sherpa Van Trophy. They took the trophy by beating Burnley 2-0 at Wembley, with goals from Mutch and Robbie Dennison. The crowd numbered a very passionate 80,841.

Bull was the country's leading scorer again twelve months later (with 37 goals) as Wolves avoided defeat in all but six Third Division matches and collected their second successive Championship. A settled side was never headed after hitting the front on the 5th November during a super spell of eight successive victories. The gap over runners-up Sheffield United was 8 points. Mutch was again the second top scorer (with 21 out of a team total of 96), while Bull's exploits earned him full England recognition for the first time in 1988-89.

None of the first five Second Division games of 1989-90 were won, but there was a gradual upturn in form and five wins in six fixtures around the turn of the year took them into the promotion pack. They could not see the job through though and faded out of play-off contention to finish 10th. Bull's tally of 24 goals made him the Division's second top scorer, while Mutch chipped in with another 11.

Wolves were handily placed during much of 1990-91 and a six match unbeaten run seemed to be the springboard for a promotion push; however, for the second successive campaign they faded badly and slipped back to finish 12th. Bull (26) and Mutch (8) continued to head the list of scorers.

Turner's side made a good start to 1991-92, but slumped into relegation trouble after failing to win nine successive matches. An unbeaten eight match run, which yielded 20 points around Christmas, pushed them into the promotion picture, but yet again they ran out of steam and finished 11th. Bull netted another 20 goals and his strike partner Mutch found the net 10 times.

An unbeaten 12 match start to 1992-93 increased the fans' hopes of seeing Premiership football in Wolverhampton, but the gremlins got to work again and they had to be satisfied with another 11th place finish. The main marksmen were again Bull (16) and Mutch (9). It was to be the latter's last term at Molineux as he moved to Swindon in the summer of 1993 after netting 96 times in 289 League games.

Bull's new partner for 1993-94 was David Kelly, whose 24 goals the previous term had helped Newcastle gain promotion to the Premiership. Kelly's new side made a sluggish start to the campaign, but gained momentum with a useful run in which they lost just once in 19 matches. However, after three successive defeats, Turner resigned in mid-March and was replaced by another ex-Aston Villa manager Graham Taylor. With the ex-England boss at the helm, Wolves almost squeezed into the play-offs, but had to be content with 8th place – just two rungs and three points out of the frame. Bull (14) and Kelly (11) were the principal goalscorers, while goalkeeper Mike Stowell and midfielder Kevin Keen also performed admirably throughout the season.

Wolverhampton Wanderers had their best F.A. Cup run for 13 seasons in 1993-94, when they defeated Crystal Palace, Port Vale and top-flight Ipswich to reach the quarter-final stage. The bandwagon was finally halted by a single Chelsea goal at Stamford Bridge.

That F.A. Cup run was equalled twelve months later when Mansfield and two Premiership outfits Sheffield Wednesday and Leicester City were knocked out to set up a meeting with Crystal Palace at Selhurst Park. Taylor's side looked favourites to claim another top-flight scalp when they forced a replay. However, it was the South Londoners who took their chances in the second match on a disappointing night for the Molineux faithful (who witnessed a 4-1 defeat).

Those fans also had their hopes dashed in the League in 1994-95, a campaign in which only the Champions were automatically promoted. Wolves made a tremendous start, winning seven of the first ten fixtures to top the table. However, they lost their way in the period leading up to Christmas and missed the opportunity to race clear of the field. After drawing each of their last four games, Taylor's side finished six points behind the Champions Middlesbrough, but at least 4th place gave them a play-off chance.

Goals by Bull and Mark Venus gave Wolves a 2-1 advantage in the first leg of the semi-final with Bolton. In a frantic second leg at Burnden Park the Trotters squared the aggregate score to force extra-time and then netted again to break the hearts of the away contingent.

Bull (16) and Kelly (15) headed the club's 1994-95 list of scorers, but the latter moved on (to Sunderland) early in the following campaign. For the first time since he joined the club in 1986, Bull failed to be top scorer in 1995-96. The former England striker hit 15, one goal fewer than his strike partner Don Goodman.

Despite those goals, Wolves failed to live up to their 'favourites' tag and in a roller-coaster campaign toyed again with relegation. After a stuttering start the pressure started to mount and, with his side lying 18th, Taylor resigned in mid-November leaving his assistant Bobby Downes in caretaker control. Wolves started to improve after Mark McGhee moved into the manager's office from a similar position at Leicester. Under the Scot's stewardship they recorded 8 wins in 13 games to rise to mid-table by the end of March. However, just when it looked as if they might scrape into play-off contention, they faded and failed to win any of their last 8 fixtures. Wolves finished 20th, just 3 points above the danger line and 15 points out of the play-off frame.

Wolves reached the 5th round of the Coca-Cola Cup in 1995-96 (where they lost to Aston Villa), their best run in the competition since triumphing 16 years earlier.

There was no cup joy in 1996-97, with fellow First Division sides knocking them out of both competitions at the first hurdle. McGhee's men were always handily placed in the League, but like everybody else found runaway Champions Bolton too hot to handle. The runners-up spot also escaped them and they had to settle for third place four points behind Barnsley. It was the club's best finish for 13 seasons and it earned them another tilt at the play-offs.

Just as two years earlier, though, Wolves missed out on a Bank Holiday trip to Wembley after losing at the semi-final stage. Prospects looked quite bright when they trailed opponents Crystal Palace by only a single goal in the closing stages of the away leg; however, a flurry of late goals left them 3-1 down. Mark Atkins reduced the deficit to just one on the half-hour mark at Molineux, but the home contingent feared the worst midway through the second half when the Eagles equalised. Another Wolves goal (by Adrian Williams) set up a tense final five minutes, but it was Palace who went to Wembley and ultimately up to the Premiership.

Andy Thompson was freed to Tranmere at the end of the 1996-97 campaign after 376 League appearances (43 goals) in a Wolves shirt. However, the man who moved to Molineux on the same day, Steve Bull hit another 23 League goals to take his tally to a club record 240 in 11 seasons. With the prolific striker continuing to lead the line, surely Wolverhampton Wanderers' first taste of Premiership football cannot be too far away?

WOLVES CUP COMPETITION RESULTS 1972-1997

F.A. CUP

1972/73 SEASON
3rd Round
Jan 13 vs Manchester United (h) 1-0
Att: 40,005 Bailey
4th Round
Feb 3 vs Bristol City (h) 1-0
Att: 30,849 Richards
5th Round
Feb 24 vs Millwall (h) 1-0
Att: 31,668 Richards
6th Round
Mar 17 vs Coventry City (h) 2-0
Att: 50,106 Hibbitt, Richards
Semi-Final (at Maine Road)
Apr 7 vs Leeds United 0-1
Att: 52,488

1973/74 SEASON
3rd Round
Jan 5 vs Leeds United (h) 1-1
Att: 38,132 Richards
Replay
Jan 9 vs Leeds United (a) 0-1
Att: 42,747

1974/75 SEASON
3rd Round
Jan 4 vs Ipswich Town (h) 1-2
Att: 28,542 Richards

1975/76 SEASON
3rd Round
Jan 3 vs Arsenal (h) 3-0
Att: 22,215 Bell, Hibbitt, Richards
4th Round
Jan 24 vs Ipswich Town (a) 0-0
Att: 29,846
Replay
Jan 27 vs Ipswich Town (h) 1-0
Att: 31,333 Gould
5th Round
Feb 14 vs Charlton Athletic (a) 3-0
Att: 32,301 Richards 3
6th Round
Mar 6 vs Manchester United (h) 1-1
Att: 59,433 Richards
Replay
Mar 9 vs Manchester United (h) 2-3
Att: 44,373 Kindon, Richards

1976/77 SEASON
3rd Round
Jan 8 vs Rotherham United (h) 3-2
Att: 23,605 Richards 2, Daley
4th Round
Jan 29 vs Ipswich Town (a) 2-2
Att: 32,996 Richards 2
Replay
Feb 2 vs Ipswich Town (h) 1-0
Att: 33,686 Richards
5th Round
Feb 26 vs Chelsea (h) 1-0
Att: 37,803 Hibbitt
6th Round
Mar 19 vs Leeds United (h) 0-1
Att: 49,770

1977/78 SEASON
3rd Round
Jan 7 vs Exeter City (a) 2-2
Att: 14,377 Carr, Daly
Replay
Jan 10 vs Exeter City (h) 3-1
Att: 19,692 Daley, Hibbitt, Richards
4th Round
Jan 28 vs Arsenal (a) 1-2
Att: 49,373 Hibbitt

1978/79 SEASON
3rd Round
Jan 9 vs Brighton & Hove Albion (a) 3-2
Att: 25,217 Bell, Daley, Williams (og)
4th Round
Jan 27 vs Newcastle United (a) 1-1
Att: 29,561 Hibbitt
Replay
Feb 22 vs Newcastle United (h) 1-0
Att: 19,588 Bell
5th Round
Feb 26 vs Crystal Palace (a) 1-0
Att: 26,790 Patching
6th Round
Mar 10 vs Shrewsbury Town (h) 1-1
Att: 40,946 Rafferty
Replay
Mar 13 vs Shrewsbury Town (a) 3-1
Att: 15,279 Carr, Daniel, Rafferty
Semi-Final (at Villa Park)
Mar 31 vs Arsenal 0-2
Att: 46,244

1979/80 SEASON
3rd Round
Jan 5 vs Notts County (a) 3-1
Att: 14,836 Berry, Carr, Richards
4th Round
Jan 26 vs Norwich City (h) 1-1
Att: 25,516 Gray
Replay
Jan 30 vs Norwich City (a) 3-2
Att: 23,101 Berry, Eves, Richards
5th Round
Feb 16 vs Watford (h) 0-3
Att: 32,861

1980/81 SEASON
3rd Round
Jan 3 vs Stoke City (a) 2-2
Att: 24,737 Bell, Eves
Replay
Jan 6 vs Stoke City (h) 2-1
Att: 22,892 Eves, Hibbitt
4th Round
Jan 24 vs Watford (a) 1-1
Att: 24,228 Richards
Replay
Jan 27 vs Watford (h) 2-1
Att: 30,854 Parkin, Richards
5th Round
Feb 14 vs Wrexham (h) 3-1
Att: 33,788 Bell 2, Richards
6th Round
Mar 7 vs Middlesbrough (a) 1-1
Att: 36,382 Gray
Replay
Mar 10 vs Middlesbrough (h) 3-1 (aet.)
Att: 40,524 Bell, Eves, Richards
Semi-Final (at Hillsborough)
Apr 11 vs Tottenham Hotspur 2-2 (aet.)
Att: 50,174 Carr, Hibbitt

Replay (at Highbury)
Apr 15 vs Tottenham Hotspur 0-3
Att: 52,529

1981/82 SEASON
3rd Round
Jan 2 vs Leeds United (h) 1-3
Att: 20,923 Gray

1982/83 SEASON
3rd Round
Jan 8 vs Tranmere Rovers (a) 1-0
Att: 10,803 Hibbitt
4th Round
Jan 29 vs Aston Villa (a) 0-1
Att: 43,121

1983/84 SEASON
3rd Round
Jan 7 vs Coventry City (a) 1-1
Att: 15,817 Clarke
Replay
Jan 10 vs Coventry City (h) 1-1 (aet.)
Att: 19,204 Eves
2nd Replay
Jan 16 vs Coventry City (a) 0-3
Att: 18,003

1984/85 SEASON
3rd Round
Jan 9 vs Huddersfield Town (h) 1-1
Att: 8,589 Pender
Replay
Jan 23 vs Huddersfield Town (a) 1-3
Att: 7,055 Ainscow

1985/86 SEASON
1st Round
Nov 16 vs Rotherham United (a) 0-6
Att: 3,507

1986/87 SEASON
1st Round (at Burnden Park, Bolton)
Nov 15 vs Chorley 1-1
Att: 4,887 Mutch
Replay
Nov 18 vs Chorley 1-1 (aet.)
Att: 4,790 Forman
2nd Replay (at Burnden Park, Bolton)
Nov 24 vs Chorley 0-3
Att: 5,421

1987/88 SEASON
1st Round
Nov 14 vs Cheltenham Town (h) 5-1
Att: 10,541 Bull 3, Downing, Vaughan
2nd Round
Dec 5 vs Wigan Athletic (a) 3-1
Att: 5,879 Dennison, Gallagher, Robinson
3rd Round
Jan 9 vs Bradford City (h) 1-2
Att: 13,334 Sinnott (og)

1988/89 SEASON
1st Round
Nov 19 vs Grimsby Town (a) 0-1
Att: 7,922

1989/90 SEASON
3rd Round
Jan 6 vs Sheffield Wednesday (h) 1-2
Att: 23,799 Bull

1990/91 SEASON
3rd Round
Jan 5 vs Cambridge United (a) 0-1
Att: 15,100

15

1991/92 SEASON
3rd Round
Jan 4 vs Nottingham Forest (a) 0-1
Att: 27,068

1992/93 SEASON
3rd Round
Jan 2 vs Watford (a) 4-1
Att: 12,363 Bull, Downing, Mutch, Holdsworth (og)
4th Round
Jan 24 vs Bolton Wanderers (h) 0-2
Att: 19,120

1993/94 SEASON
3rd Round
Jan 8 vs Crystal Palace (h) 1-0
Att: 25,047 D. Kelly
4th Round
Jan 29 vs Port Vale (a) 2-0
Att: 21,996 Blades, Keen
5th Round
Feb 19 vs Ipswich Town (h) 1-1
Att: 28,234 D. Kelly
Replay
Mar 2 vs Ipswich Town (a) 2-1
Att: 19,385 Mills, Thompson
6th Round
Mar 13 vs Chelsea (a) 0-1
Att: 29,340

1994/95 SEASON
3rd Round
Jan 7 vs Mansfield Town (a) 3-2
Att: 6,701 D. Kelly, Dennison, Mills
4th Round
Jan 30 vs Sheffield Wednesday (a) 0-0
Att: 21,757
Replay
Feb 8 vs Sheffield Wednesday (h) 1-1 (aet.)
Att: 28,136 D. Kelly
Wolverhampton won 4-3 on penalties
5th Round
Feb 18 vs Leicester City (h) 1-0
Att: 28,544 D. Kelly
6th Round
Mar 11 vs Crystal Palace (a) 1-1
Att: 14,604 Cowans
Replay
Mar 22 vs Crystal Palace (h) 1-4
Att: 27,548 D. Kelly

1995/96 SEASON
3rd Round
Jan 6 vs Birmingham City (a) 1-1
Att: 21,349 Bull
Replay
Jan 17 vs Birmingham City (h) 2-1
Att: 28,088 Ferguson, Bull
4th Round
Jan 27 vs Tottenham Hotspur (a) 1-1
Att: 32,812 Goodman
Replay
Feb 7 vs Tottenham Hotspur (h) 0-2
Att: 27,846

1996/97 SEASON
3rd Round
Jan 4 vs Portsmouth (h) 1-2
Att: 23,626 Ferguson

LEAGUE CUP

1972/73 SEASON
2nd Round
Sep 5 vs Orient (h) 2-1
Att: 15,069 Dougan, Richards

3rd Round
Oct 4 vs Sheffield Wednesday (h) 3-1
Att: 17,549 Dougan, Hibbitt, Munro
4th Round
Oct 31 vs Bristol Rovers (h) 4-0
Att: 20,553 McCalliog 2, Kindon, Richards
5th Round
Nov 21 vs Blackpool (h) 1-1
Att: 17,312 McCalliog
Replay
Nov 28 vs Blackpool (a) 1-0
Att: 19,812 Dougan
Semi-Final (1st leg)
Dec 20 vs Tottenham Hotspur (h) 1-2
Att: 28,327 Hibbitt
Semi-Final (2nd leg)
Dec 30 vs Tottenham H (a) 2-2 (aet)(agg 3-4)
Att: 41,716 Richards, Naylor (og)

1973/74 SEASON
2nd Round
Oct 8 vs Halifax Town (a) 3-0
Att: 8,222 Dougan, Richards, Sunderland
3rd Round
Oct 31 vs Tranmere Rovers (a) 1-1
Att: 14,422 Sunderland
Replay
Nov 13 vs Tranmere Rovers (h) 2-1
Att: 14,839 Dougan, Powell
4th Round
Nov 20 vs Exeter City (h) 5-1
Att: 7,623 Hibbit 2, Richards 2, Dougan
5th Round
Dec 19 vs Liverpool (h) 1-0
Att: 16,242 Richards
Semi-Final (1st leg)
Jan 23 vs Norwich City (a) 1-1
Att: 25,107 Richards
Semi-Final (2nd leg)
Jan 26 vs Norwich City (h) 1-0 (agg. 2-1)
Att: 32,605 Richards
FINAL (at Wembley)
Mar 2 vs Manchester City 2-1
Att: 97,886 Hibbitt, Richards

1974/75 SEASON
2nd Round
Sep 11 vs Fulham (h) 1-3
Att: 16,151 Richards

1975/76 SEASON
2nd Round
Sep 9 vs Swindon Town (a) 2-2
Att: 12,252 Richards, Sunderland
Replay
Sep 16 vs Swindon Town (h) 3-2
Att: 14,072 Hibbitt, Richards, Sunderland
3rd Round
Oct 7 vs Birmingham City (a) 2-0
Att: 29,822 Hibbitt 2
4th Round
Nov 12 vs Mansfield Town (a) 0-1
Att: 12,725

1976/77 SEASON
2nd Round
Aug 31 vs Sheffield Wednesday (h) 1-2
Att: 15,823 Parkin

1977/78 SEASON
2nd Round
Aug 8 vs Luton Town (h) 1-3
Att: 10,101 Richards

1978/79 SEASON
2nd Round
Aug 30 vs Reading (a) 0-1
Att: 13,107

1979/80 SEASON
2nd Round (1st leg)
Aug 28 vs Burnley (a) 1-1
Att: 6,103 Palmer
2nd Round (2nd leg)
Sep 4 vs Burnley (h) 2-0 (aggregate 3-1)
Att: 18,213 Hibbitt, Palmer
3rd Round
Sep 25 vs Crystal Palace (a) 2-1
Att: 30,727 Eves, Hibbitt
4th Round
Oct 30 vs Queen's Park Rangers (a) 1-1
Att: 20,985 Hibbitt
Replay
Nov 6 vs Queen's Park Rangers (h) 1-0
Att: 26,014 Carr
5th Round
Dec 4 vs Grimsby Town (a) 0-0
Att: 23,115
Replay
Dec 11 vs Grimsby Town (h) 1-1
Att: 28,455 Gray
2nd Replay (at the Baseball Ground)
Dec 18 vs Grimsby Town 2-0
Att: 16,475 Hibbitt, Richards
Semi-Final (1st leg)
Jan 22 vs Swindon Town (a) 1-2
Att: 25,786 Daniel
Semi-Final (2nd leg)
Feb 12 vs Swindon Town (h) 3-1 (agg. 4-3)
Att: 41,031 Richards 2, Eves
FINAL (at Wembley)
Mar 15 vs Nottingham Forest 1-0
Att: 96,527 Gray

1980/81 SEASON
2nd Round (1st leg)
Aug 26 vs Cambridge United (a) 1-3
Att: 7,234 Daniel
2nd Round (2nd leg)
Sep 2 vs Cambridge Utd. (h) 0-1 (agg. 1-4)
Att: 19,939

1981/82 SEASON
2nd Round (1st leg)
Oct 7 vs Aston Villa (a) 2-3
Att: 26,358 Gallagher, Gray
2nd Round (2nd leg)
Oct 27 vs Aston Villa (h) 1-2 (aggreg. 3-5)
Att: 19,491 Richards

1982/83 SEASON
2nd Round (1st leg)
Oct 5 vs Sunderland (h) 1-1
Att: 13,662 Eves
2nd Round (2nd leg)
Oct 27 vs Sunderland (a) 0-5 (aggreg. 1-6)
Att: 11,091

1983/84 SEASON
2nd Round (1st leg)
Oct 4 vs Preston North End (h) 2-3
Att: 7,790 Clarke 2
2nd Round (2nd leg)
Oct 25 vs Preston Nth. E. (a) 0-1 (agg. 2-4)
Att: 8,857

1984/85 SEASON
2nd Round (1st leg)
Sep 24 vs Port Vale (a) 2-1
Att: 6,949 Dodd, Evans

2nd Round (2nd leg)
Oct 9 vs Port Vale (h) 0-0 (aggregate 2-1)
Att: 5,964
3rd Round
Oct 30 vs Southampton (a) 2-2
Att: 14,164 Melrose 2
Replay
Nov 6 vs Southampton (h) 0-2
Att: 13,064

1985/86 SEASON
1st Round (1st leg)
Aug 20 vs Walsall (a) 1-1
Att: 11,330 Purdie
1st Round (2nd leg)
Sep 3 vs Walsall (h) 0-1 (aggregate 1-2)
Att: 11,310

1986/87 SEASON
1st Round (1st leg)
Aug 26 vs Lincoln City (h) 1-2
Att: 3,256 Mutch
1st Round (2nd leg)
Sep 2 vs Lincoln City (a) 1-0 (aet) (agg. 2-2)
Att: 2,396 Lockhart
Lincoln City won on the away goals rule

1987/88 SEASON
1st Round (1st leg)
Aug 18 vs Notts County (h) 3-0
Att: 5,980 Mutch 2, Yates (og)
1st Round (2nd leg)
Aug 25 vs Notts County (a) 2-1 (agg. 5-1)
Att: 2,730 Bull 2
2nd Round (1st leg)
Sep 22 vs Manchester City (a) 2-1
Att: 8,551 Bull, Dennison
2nd Round (2nd leg)
Oct 6 vs Manchester City (h) 0-2 (agg. 2-3)
Att: 13,482

1988/89 SEASON
1st Round (1st leg)
Aug 30 vs Birmingham City (h) 3-2
Att: 11,007 Bull 2, Dennison
1st Round (2nd leg)
Sep 6 vs Birmingham (a) 0-1 (aet) (agg. 3-3)
Att: 8,981
Birmingham City won on the away goals rule

1989/90 SEASON
1st Round (1st leg)
Aug 22 vs Lincoln City (h) 1-0
Att: 11,071 Westley
1st Round (2nd leg)
Aug 30 vs Lincoln City (a) 2-0 (aggreg. 3-0)
Att: 6,733 Bull, Dennison
2nd Round (1st leg)
Sep 20 vs Aston Villa (a) 1-2
Att: 27,414 Mutch
2nd Round (2nd leg)
Oct 4 vs Aston Villa (h) 1-1 (aggregate 2-3)
Att: 22,754 Bull

1990/91 SEASON
2nd Round (1st leg)
Sep 25 vs Hull City (a) 0-0
Att: 5,283
2nd Round (2nd leg)
Oct 9 vs Hull City (h) 1-1 (aet.) (agg. 1-1)
Att: 14,954 Steele
Hull City won on the away goals rule

1991/92 SEASON
2nd Round (1st leg)
Sep 24 vs Shrewsbury Town (h) 6-1
Att: 12,229 Birch 2, Bull 2, Burke, Steele

2nd Round (2nd leg)
Oct 8 vs Shrewsbury Town (a) 1-3 (agg. 7-4)
Att: 5,784 Steele
3rd Round
Oct 30 vs Everton (a) 1-4
Att: 19,065 Bull

1992/93 SEASON
2nd Round (1st leg)
Sep 22 vs Notts County (a) 2-3
Att: 4,197 Bull, Cook
2nd Round (2nd leg)
Oct 7 vs Notts County (h) 0-1 (aggreg. 2-4)
Att: 11,146

1993/94 SEASON
2nd Round (1st leg)
Sep 20 vs Swindon Town (a) 0-2
Att: 8,649
2nd Round (2nd leg)
Oct 5 vs Swindon Town (h) 2-1 (aggreg. 2-3)
Att: 11,756 Burke, Mountfield

1994/95 SEASON
2nd Round (1st leg)
Sep 20 vs Chesterfield (a) 3-1
Att: 5,895 Bull 2, D. Kelly
2nd Round (2nd leg)
Sep 27 vs Chesterfield (h) 1-1 (aggreg. 4-2)
Att: 14,815 Froggatt
3rd Round
Oct 26 vs Nottingham Forest (h) 2-3
Att: 28,369 Birch, D. Kelly

1995/96 SEASON
2nd Round (1st leg)
Sep 20 vs Fulham (h) 2-0
Att: 20,381 Goodman, Wright
2nd Round (2nd leg)
Oct 3 vs Fulham (a) 5-1 (aggregate 7-1)
Att: 6,625 Daley, Williams, Atkins, Goodman 2
3rd Round
Oct 25 vs Charlton Athletic (h) 0-0
Att: 22,481
Replay
Nov 8 vs Charlton Athletic (a) 2-1 (aet.)
Att: 10,909 Emblen, Atkins
4th Round
Nov 29 vs Coventry City (h) 2-1
Att: 24,628 Venus, Ferguson
5th Round
Jan 10 vs Aston Villa (a) 0-1
Att: 39,277

1996/97 SEASON
1st Round (1st leg)
Aug 20 vs Swindon Town (a) 0-2
Att: 7,451
1st Round (2nd leg)
Sep 4 vs Swindon Town (h) 1-0 (agg. 1-2)
Att: 10,760 Osborn

UEFA CUP

1973/74 SEASON
1st Round (1st leg)
Sep 26 vs Belenenses (a) 2-0
Att: 20,000 Richards, Dougan
1st Round (2nd leg)
Oct 3 vs Belenenses (h) 2-1 (aggregate 4-1)
Att: 16,010 Eastoe, McCalliog
2nd Round (1st leg)
Oct 24 vs Lokomotive Leipzig (a) 0-3
Att: 17,000

2nd Round (2nd leg)
Nov 7 vs Loko. Leipzig (h) 4-1 (agg. 4-4)
Att: 14,530 Kindon, Munro, Dougan, Hibbitt
Wolverhampton lost on the away goals rule

1974/75 SEASON
1st Round (1st leg)
Sep 18 vs FC Porto (a) 1-4
Att: 40,000 Bailey
1st Round (2nd leg)
Oct 2 vs FC Porto (h) 3-1 (aggregate 4-5)
Att: 15,924 Bailey, Daley, Dougan

1980/81 SEASON
1st Round (1st leg)
Sep 17 vs PSV Eindhoven (a) 1-3
Att: 22,500 Gray
1st Round (2nd leg)
Oct 1 vs PSV Eindhoven (h) 1-0 (agg. 2-3)
Att: 20,000 Eves

17

1972-73

#	Month	Date	H/A	Opponent	Result	Score	Scorers	Attendance
1	Aug	12	(a)	Newcastle U	L	1-2	Kindon	33,942
2		15	(a)	Arsenal	L	2-5	Richards, Simpson (og)	38,524
3		19	(h)	Tottenham H	W	3-2	Richards 2, Hibbitt	24,237
4		22	(h)	West Ham U	W	3-0	McCalliog, Dougan, Richards	21,958
5		26	(a)	Southampton	D	1-1	McCalliog	19,456
6		29	(a)	Coventry C	W	1-0	Richards	24,511
7	Sep	2	(h)	Birmingham C	W	3-2	Munro, McCalliog 2 (1 pen)	32,529
8		9	(a)	Liverpool	L	2-4	Kindon, Richards	43,386
9		16	(h)	Manchester U	W	2-0	Dougan, Richards	34,049
10		23	(a)	Leicester C	D	1-1	Hegan	20,817
11		30	(h)	Stoke C	W	5-1	Richards 3, Dougan, Hegan	24,133
12	Oct	7	(a)	Manchester C	D	1-1	Dougan	31,198
13		14	(h)	Crystal Palace	D	1-1	Dougan	20,630
14		21	(a)	West Brom A	L	0-1		30,581
15		28	(h)	Leeds U	L	0-2		33,731
16	Nov	4	(a)	West Ham U	D	2-2	Kindon 2	29,524
17		11	(h)	Arsenal	L	1-3	Richards	25,988
18		18	(h)	Ipswich T	L	0-1		14,888
19		25	(a)	Sheffield U	W	2-1	Richards, Hibbitt	19,385
20	Dec	2	(h)	Derby Co	L	1-2	Richards	24,891
21		9	(a)	Everton	W	1-0	Hibbitt	24,170
22		16	(h)	Chelsea	W	1-0	Sunderland	20,799
23		23	(a)	Norwich C	D	1-1	Dougan	19,797
24		26	(h)	Leicester C	W	2-0	Richards, Dougan	22,022
25	Jan	6	(h)	Southampton	L	0-1		16,547
26		27	(h)	Liverpool	W	2-1	Hughes (og), Richards	32,957
27	Feb	10	(a)	Manchester U	L	1-2	Hegan	52,089
28		17	(h)	Newcastle U	D	1-1	Hibbitt	22,147
29		27	(a)	Birmingham C	W	1-0	Dougan	43,759
30	Mar	3	(h)	Manchester C	W	5-1	Dougan 3, Richards 2	25,047
31		6	(a)	Chelsea	W	2-0	Dougan, Richards	18,868
32		10	(a)	Crystal Palace	D	1-1	Munro	30,967
33		20	(h)	West Brom A	W	2-0	Hibbitt, Richards	33,520
34		24	(a)	Leeds U	D	0-0		39,078
35		31	(h)	Sheffield U	D	1-1	Richards	19,114
36	Apr	14	(h)	Everton	W	4-2	Richards 3, Hibbitt	21,775
37		21	(a)	Ipswich T	L	1-2	Richards	23,930
38		23	(h)	Norwich C	W	3-0	Sunderland 2, Richards	20,222
39		24	(a)	Stoke C	L	0-2		25,282
40		28	(h)	Coventry C	W	3-0	Sunderland, Richards, Powell	21,520
41		30	(a)	Tottenham H	D	2-2	Sunderland, Richards	16,942
42	May	4	(a)	Derby Co	L	0-3		31,590

FINAL LEAGUE POSITION: 5th in Division One

Appearances
Sub. Appearances
Goals

	Parkes	Taylor	Parkin	Bailey	Munro	McAlle	McCalliog	Hibbitt	Eastoe	Richards	Kindon	O'Grady	Shaw	Hegan	Sunderland	Dougan	Daley	Owen	Wagstaffe	Jefferson	Powell							
1	1	2	3	4*	5	6	7	8	9	10	11	12															1
2	1		3		5	6	7	8*		9	11		2	4	12	10											2
3	1		3		5	6	7	8		9			2	4*	12	10	11										3
4	1				5	3	7	8		9			2		4	10	11	6									4
5	1	3		4	5	6	7	8		9	12		2			10*	11										5
6	1	3		4	5	6	7	8		9			2			10	11										6
7	1	3		4	5	6	7	8		9	11		2			10											7
8	1	3		4	5	6	7	8		9	11		2			10											8
9	1	3		4	5	6	7	8		9			2			10		11									9
10	1	3		4		6		8		9	12		2	7*		10		5	11								10
11	1	3		4	5	6		8		9			2	7		10			11								11
12	1	2		4	5	3		8		9	11			7		10				6							12
13	1			4	5	3		8*		9	12		2	7		10			11	6							13
14	1			4	5	3	7			9	11		2	8		10*	12	6									14
15	1			4	5	3	8		10	9	11		2	7*	12					6							15
16	1			4	5	3	7	8		9	10		2						11	6							16
17	1	3*		4	5	6	7	8		9	12		2			10			11								17
18	1	3		4	5	6	7	8*		9	12		2			10			11								18
19	1	3		4	5	6	7	8		9	11*		2		12	10											19
20	1	3		4	5	6	7	8		9			2			10		11									20
21	1	2		4	5	3	12	8		9					7*	10			11	6							21
22	1	2		4	5	3		8		9	10				7				11	6							22
23	1	2		4		5		8		9	11		3	10	7*	12				6							23
24	1	2		4		5		8		9	11*		3	7		10	12			6							24
25	1	2		4	3	5		8		9				7*	12	10	11			6							25
26	1	2			5	3	8			9			4		7	10			11	6							26
27	1	2			5	3	8			9	10		4*	7	12		11			6							27
28	1	2	3		5		7	8		9				4		10	11			6							28
29	1	2	3		5	6	7	8		9				4		10*	12		11								29
30	1	2	3		5	6	7	8		9				4		10			11								30
31	1	2	3		5	6	7	8		9				4		10			11								31
32	1	2	3		5	6	7	8		9	11			4*		10				12							32
33	1	2*	3		5	6		8		9	12		4			10			11	7							33
34	1	2	3		5*	6				9	12		4			10	8		11	7							34
35	1	2	3			5		8		9			4			10		6	11	7							35
36	1	6	3	4		5		8		9			2			10			11	7							36
37	1	2	3	4	5	6	8*			9	12					10			11	7							37
38	1	2	3	4		6				9	12				8	10*			11	5	7						38
39	1	2	3	4		5				9	12				8	10*	11			6	7						39
40	1	2	3	4		5				9	12				8	10			11*	6	7						40
41	1	2	3	4		5	12			9	11				8	10				6	7*						41
42	1	2	3	4		6				9	11				8	10				5	7						42
	42	35	18	29	32	41	24	31	2	42	16		26	17	10	36	9	4	21	17	10						
						2					11	1			6	1	3				1						
				2		4	6		27	4			3	5	12					1							

1973-74

1	Aug	25	(h)	Norwich C	W	3-1	Dougan 2, McCalliog	22,744
2		28	(h)	Sheffield U	W	2-0	McCalliog, Dougan	22,588
3	Sep	1	(a)	Southampton	L	1-2	Dougan	17,457
4		5	(a)	Leeds U	L	1-4	Dougan	39,946
5		8	(h)	Burnley	L	0-2		25,382
6		11	(h)	Leeds U	L	0-2		36,980
7		15	(a)	Newcastle U	L	0-2		36,407
8		22	(h)	Everton	D	1-1	Dougan	21,484
9		29	(a)	Chelsea	D	2-2	McCalliog 2	27,846
10	Oct	6	(h)	Manchester U	W	2-1	McCalliog, Dougan	32,962
11		13	(a)	Birmingham C	L	1-2	Richards	34,977
12		20	(h)	Queens Park R	L	2-4	Richards, Daley	19,350
13		27	(a)	Ipswich T	L	0-2		20,900
14	Nov	3	(h)	Manchester C	D	0-0		21,499
15		10	(a)	Liverpool	L	0-1		38,088
16		17	(h)	West Ham U	D	0-0		19,587
17		24	(a)	Tottenham H	W	3-1	Powell, Palmer, Hibbitt	24,541
18	Dec	4	(a)	Arsenal	D	2-2	Dougan, Richards	13,482
19		8	(a)	Coventry C	L	0-1		20,672
20		15	(a)	Stoke C	W	3-2	Munro, Hibbitt, Richards	13,843
21		22	(h)	Chelsea	W	2-0	Richards 2	20,837
22		26	(a)	Leicester C	D	2-2	Sunderland, Richards	30,547
23		29	(a)	Burnley	D	1-1	Powell	20,076
24	Jan	1	(h)	Southampton	W	2-1	Wagstaffe, Richards	26,354
25		12	(h)	Newcastle U	W	1-0	Richards	22,235
26		19	(a)	Norwich C	D	1-1	Dougan	19,798
27	Feb	2	(h)	Stoke C	D	1-1	Pejic (og)	30,128
28		5	(a)	Sheffield U	L	0-1		13,808
29		9	(a)	Everton	L	1-2	Sunderland	26,604
30		16	(h)	Birmingham C	W	1-0	Munro	33,821
31		23	(a)	Manchester U	D	0-0		39,260
32	Mar	9	(h)	Ipswich T	W	3-1	Sunderland, Withe, Dougan	23,984
33		16	(a)	Queens Park R	D	0-0		21,209
34		23	(h)	Liverpool	L	0-1		35,867
35		30	(a)	Manchester C	D	1-1	Kindon	25,236
36	Apr	6	(h)	Tottenham H	D	1-1	Powell	24,073
37		9	(h)	Derby Co	W	4-0	Kindon 2, Sunderland, Powell	23,456
38		13	(a)	West Ham U	D	0-0		29,488
39		15	(h)	Arsenal	W	3-1	Sunderland 2, Kindon	25,881
40		20	(h)	Coventry C	D	1-1	Cross (og)	24,952
41		23	(h)	Leicester C	W	1-0	Sunderland	23,574
42		27	(a)	Derby Co	L	0-2		26,571

FINAL LEAGUE POSITION: 12th in Division One

Appearances
Sub. Appearances
Goals

	Parkes	Taylor	Parkin	Hegan	Jefferson	McAlle	McCalliog	Sunderland	Richards	Dougan	Wagstaffe	Hibbitt	Munro	Kindon	Powell	Bailey	Daley	Pierce	Palmer	Kelly	Eastoe	Withe	
1	1	2	3	4	5	6	7	8*	9	10	11	12											1
2	1	2	3	4		6	7*	8	9	10	11	12	5	12	7								2
3	1	2	3	4*		6		8	9	10	11		5		7								3
4	1	2	3		4*	6	12	8	9	10	11		5	8	7								4
5	1	2	3			6	12	4	9	10	11*		5	12		4	11						5
6	1	2	3		6		8	7*	9	10			5		8	4	11	1					6
7		2	3			6	7		9	10			5			4		1					7
8		2	3			6	7		9	10	11	8	5		4*		1						8
9		2	3	12		6	7		9	10	11	8	5		4	11	1						9
10		2	3			6	7		9	10		8	5			11	1	2					10
11			3		4	6	7		9	10		8	5			11	1						11
12		2	3	4		6	7	12	9	10*		8	5				2						12
13	1		3	4*		6	8	12	9	10	11	7	5		4		2						13
14	1		3			6	7	8	9*	10	11		5	12	4								14
15	1	2	3		5	6	7*	8		10		12		9	11	4		2					15
16	1		3			6	12			10	11	8	5	9*	7	4		2					16
17	1		3			6			9	10	11	8	5		7	4		2					17
18	1		3			6			9	10	11	8	5		7	4		2					18
19	1		3			6		12	9	10	11	8	5*		7	4							19
20	1	3			12	6		2	9	10	11*	8	5		7	4		2					20
21	1		3			6		8	9	10*	11		5	12	7	4		2					21
22	1		3			6		8	9		11		5	10	7	4		2					22
23	1	3				6		8	9		11		5	10	7	4		2					23
24	1		3		5	6		10	9		11	8		12	7*	4		2					24
25	1		3			6		8	9	12	11	10*	5		7	4		2					25
26	1		3			6		8	9	10	11	12	5		7	4*		2					26
27		6	3				7	9	10	11	8					4	1	2					27
28		6	3					9	10		8	5	12	7*	4		1	2	11				28
29			3			6		8	9	10	11	7	5		4		1	2					29
30			3			6	9	8	10*	11	7	5				4	1	2	12				30
31			3			6	9	8	10	11	7	5				4	1	2					31
32			3			6		7	10		8	5			4	11	1	2		9			32
33			3			6		8	10*		7	5		12	4	11	1	2		9			33
34			3		5	6		7	10*	11	8		12		4		1	2		9			34
35	1		3		6	5		10*		12	11	8		9	7	4		2					35
36	1		3		5	6		9*		12	11	7		10	8	4		2					36
37	1		3			6		9		12		7	5	10	8	4	11*	2					37
38	1		3			6		9		12		8	5	10	7*	4	11	2					38
39	1		3			6		9*		12		7	5	10	8	4	11	2					39
40	1		3			6		10		12		8	5	9	7*	4	11	2					40
41	1		3			6		9				7	5	10	8	4	11	2					41
42	1		3			6		9				8	5	10	7	4	11*	2					42
	28	17	39	5	9	39	14	31	26	30	27	29	36	13	25	32	15	14	29	1		3	
				1	1		3	3		8		4		6	2					1			
							5	7	9	10	1	2	2	4	4		1		1			1	

21

1974-75

1	Aug	17	(a)	Burnley	W	2-1	Richards, Palmer	20,144
2		20	(h)	Liverpool	D	0-0		33,499
3		24	(h)	Newcastle U	W	4-2	Hibbitt 4 (1 pen)	23,526
4		27	(a)	Liverpool	L	0-2		42,449
5		31	(a)	Birmingham C	D	1-1	Richards	33,785
6	Sep	7	(h)	Leicester C	D	1-1	Richards	20,564
7		14	(a)	Everton	D	0-0		36,902
8		21	(h)	Tottenham H	L	2-3	Evans (og), Parkin	20,647
9		24	(a)	Sheffield U	D	1-1	Daley	15,187
10		28	(a)	Chelsea U	W	1-0	Richards	23,073
11	Oct	5	(a)	Middlesbrough	L	1-2	Dougan	27,443
12		12	(h)	Carlisle U	W	2-0	Withe, Parkin	18,918
13		16	(a)	Newcastle U	D	0-0		29,660
14		19	(a)	Leeds U	L	0-2		31,224
15		26	(h)	Queen's Park R	L	1-2	Hibbitt	20,320
16	Nov	2	(a)	Arsenal	D	0-0		22,572
17		9	(h)	Ipswich T	W	2-1	Hibbitt, Munro	20,123
18		16	(a)	West Ham U	L	2-5	Richards, Kindon	31,708
19		23	(h)	Stoke C	D	2-2	Powell, Hibbitt (pen)	28,216
20	Dec	7	(a)	Coventry C	W	2-0	Kindon 2	20,002
21		14	(h)	Burnley	W	4-2	Kindon 2, Richards 2	17,945
22		21	(a)	Manchester C	D	0-0		29,326
23		26	(h)	Everton	W	2-0	Hibbitt (pen), Kindon	33,120
24		28	(a)	Luton T	L	2-3	Munro, Powell	19,642
25	Jan	11	(a)	Coventry C	L	1-2	Kindon	20,249
26		18	(h)	Derby Co	L	0-1		24,515
27	Feb	1	(a)	Ipswich T	L	0-2		22,187
28		8	(h)	Arsenal	W	1-0	Hibbitt (pen)	19,807
29		15	(a)	Stoke C	D	2-2	Hibbitt (pen), Munro	30,611
30		22	(h)	West Ham U	W	3-1	Kindon, Richards 2	24,791
31	Mar	1	(h)	Birmingham C	L	0-1		28,256
32		8	(a)	Sheffield U	L	0-1		20,290
33		15	(h)	Chelsea	W	7-1	Richards 2, Carr, Hibbitt, Bailey, Kindon, Wagstaffe	21,649
34		22	(a)	Leicester C	L	2-3	Kindon, Richards	25,070
35		28	(a)	Tottenham H	L	0-3		27,238
36		29	(h)	Manchester C	W	1-0	Hibbitt (pen)	21,716
37		31	(h)	Luton T	W	5-2	Carr, Hibbitt 3 (1 pen), Withe	22,689
38	Apr	5	(a)	Queen's Park R	L	0-2		16,596
39		9	(a)	Derby Co	L	0-1		30,109
40		12	(h)	Middlesbrough	W	2-0	Hibbitt 2 (1 pen)	21,066
41		19	(a)	Carlisle U	L	0-1		9,707
42		26	(h)	Leeds U	D	1-1	Richards	34,875

FINAL LEAGUE POSITION: 12th in Division One

Appearances

Sub. Appearances

Goals

Parkes	Palmer	Parkin	Bailey	Munro	McAlle	Hibbitt	Powell	Richards	Sunderland	Farley	Kindon	Daley	Dougan	Taylor	Williams	Withe	Jefferson	Pierce	Wagstaffe	Carr	Gardner							
1	2	3	4	5	6	7	8	9	10	11																		1
1	2	3	4	5	6	7	8	9	10		11																	2
1	2	3	4	5	6	8	7	9	11		10																	3
1	2	3	4	5	6	7	8*	9	10		11	12																4
1	2	3	4	5	6	7	8	9	10	11*		12																5
1	2	3	4	5	6	7	8	9	10	11																		6
1	2	3	4	5	6	7	8	9*	12	11			10															7
1		3	4	5	6	7	8		9	11	10			2														8
1		3	4	5	6	7			10*	11	9	8			2	12												9
1		3	4	5	6	7		9	8	11			10		2													10
1	2	3	4		6	7		9	11		10*	8	12			5												11
	2	3	4		6	7*		9	11			8	10			12	5	1										12
	2	3	4	5	6	7	11	9	8*			12				10		1										13
	2	3	4	5	6	7	11*	9	8			12				10		1										14
	2	3	4	5	6	7	8	10	12							9*		1	11									15
	2	3	4	5	6	7	8	9	10	11								1										16
1	2	3	4	5	6	7	8	9	10	11																		17
	2	3	4		6	7	8	9		11	10					5												18
1	2	3	4	5	6	7	8	9		10									11									19
1	2	3	4	5	6	7	8	9		10									11									20
1	2	3	4	5	6	7	8	9	11	10																		21
1	2	3	4	5	6	7	8	9	11	10																		22
1		3	4	5	6	7	8	9		11	10		2															23
1		3	4	5	6	7*	8	9		11	10	12	2															24
1	2	3	4	5	6	7	8*	9		10	12								11									25
1	2*	3	4	5	6	7	12	9		10	8								11									26
1		3	4		6	7*	8	9		10	11			2	12	5												27
			4	5		7	8	9		11	10		3	2		6	1											28
		3	4	5		7		9		11	10	8		2		6	1											29
	2	3	4	5		7		9			10	8				6	1		11									30
	2	3	4	5		7		9			10	8	6				1		11									31
		3	4	5	6	7		9			10	8		2	12		1	11*										32
	2	3	4	5	6	7		9			10						1	11	8									33
	2	3	4	5	6		12	9*			10	8					1	11	7									34
	2	3		5	6	7					10	4	12			9*	1	11	8									35
	2	3		5	6	7					9		10*			12	4	1	11	8								36
		3		5	6	7				10*	11			2	9	4	1		8	12								37
		3		5	6	7	12				11			2*	9	4	1		8	10								38
	2	3	4		6	7			10		11*				9	5	1		8	12								39
	2	3	4		6	7		9*		11		12			10	5	1		8									40
	2	3	4		6	7				11	10	12			9*	5	1		8									41
	2	3	4	5	6	7		9		10*		12					1	11	8									42
22	31	41	38	35	38	41	23	34	15	18	29	15	3	3	10	9	13	20	13	10	1							
						3		2			8	3			5					2								
	1	2	1	3		17	2	13		10	1	1			2			1	2									

1975-76

1	Aug	16	(h)	Manchester U	L 0-2		31,973
2		20	(a)	Stoke C	D 2-2	Carr, Richards	22,551
3		23	(a)	Middlesbrough	L 0-1		22,595
4		26	(h)	Queen's Park R	D 2-2	Richards, Hibbitt (pen)	19,380
5		30	(h)	Arsenal	D 0-0		18,144
6	Sep	6	(a)	Leeds U	L 0-3		24,460
7		13	(h)	Birmingham C	W 2-0	Carr 2	25,142
8		20	(a)	Newcastle U	L 1-5	Daley	29,834
9		23	(h)	Aston Villa	D 0-0		33,344
10		27	(h)	West Ham U	L 0-1		18,455
11	Oct	4	(a)	Liverpool	L 0-2		36,391
12		11	(h)	Sheffield U	W 5-1	Richards 2, Hibbitt 2, Carr	16,162
13		18	(a)	Derby Co	L 2-3	Kindon, Richards	25,861
14		25	(h)	Everton	L 1-2	Hibbitt	20,063
15	Nov	1	(a)	Tottenham H	L 1-2	Daley	26,102
16		8	(h)	Ipswich T	W 1-0	Daley	16,191
17		15	(a)	Burnley	W 5-1	Richards 2, Daley 2, Hibbitt	14,559
18		22	(h)	Derby Co	D 0-0		26,690
19		29	(h)	Manchester C	L 0-4		20,887
20	Apr	6	(a)	Leicester C	L 0-2		20,012
21		13	(h)	Middlesbrough	L 1-2	Hibbitt (pen)	13,548
22		20	(a)	Manchester U	L 0-1		44,269
23		26	(h)	Coventry C	L 0-1		21,224
24		27	(a)	Norwich C	D 1-1	Bell	25,115
25	Jan	10	(a)	Birmingham C	W 1-0	Carr (pen)	28,552
26		17	(h)	Leeds U	D 1-1	Gould	34,925
27		31	(h)	Stoke C	W 2-1	Carr (pen), Bell	24,960
28	Feb	7	(a)	Queen's Park R	L 2-4	Gould 2	17,153
29		17	(h)	Ipswich T	L 0-3		19,293
30		21	(h)	Burnley	W 3-2	Richards 2, Bell	19,390
31		24	(a)	Aston Villa	D 1-1	Richards	47,693
32		28	(a)	Everton	L 0-3		21,827
33	Mar	13	(a)	Sheffield U	W 4-1	Richards, Palmer, Kindon 2	17,661
34		16	(h)	Tottenham H	L 0-1		21,544
35		20	(a)	Manchester C	L 2-3	Daley, Kindon	32,761
36		27	(h)	Leicester C	D 2-2	Richards, Hibbitt	18,113
37	Apr	3	(a)	West Ham U	D 0-0		16,769
38		10	(h)	Newcastle U	W 5-0	Richards 3, Hibbitt, Carr	20,083
39		13	(h)	Arsenal	L 1-2	Richards	19,518
40		17	(h)	Coventry C	L 1-3	Bell	18,678
41		19	(h)	Norwich C	W 1-0	Richards	16,168
42	May	4	(h)	Liverpool	L 1-3	Kindon	48,900

FINAL LEAGUE POSITION: 20th in Division One

Appearances

Sub. Appearances

Goals

Parkes	Parkin	McNab	Bailey	Munro	McAlle	Sunderland	Carr	Richards	Kindon	Wagstaffe	Hibbitt	Farley	Taylor	Daley	Pierce	Palmer	Jefferson	Bell	Patching	Daly	Gould	Williams	O'Hara	Kelly				
1	2	3	4	5	6	7*	8	9	10	11	12																	1
1	2	3	4	5	6	12	8	9	10		7*	11																2
1	2	3	4		6		8	9	10		7*	11	5	12														3
1	2	3	4	5	6	12	8	9	10		7	11*																4
		3	4	5	6	12	8	9	10*		7			11	1	2												5
	2	3	4	5	6	10	8	9			7			11	1													6
	3	2	4	5	6	10	8	9		11	7				1													7
	3*		4		6	10	8	9			7	12		11	1	2	5											8
		3	4	5	6		8		10	11	7				1	2		9										9
		3	4	5	6	12	8	9	10*		7			11	1	2												10
		3	4	5	6		8*	9	10		7			11	1	2	12											11
		3	4	5	6		8	9	10*		7			11	1	2		12										12
	3*		4	5	6	12	8	9	10		7			11	1	2												13
	3		4	5	6		8	9*	10		7	12		11	1	2												14
	3	2*	4	5	6	10	8	9			7	11		12	1													15
	3			5	6	10	8	9			7	11*		4	1	2		12										16
	3		4	5	6		12	9	10		7*	11		8	1	2												17
	3*		4	5	6		12	9	10		7	11		8	1	2												18
			4	5	6		12	9	10		7	11*		8	1	2			3									19
			4	5	6			9	12		7	11		8	1	2			3*	10								20
	3		4	5	6			9*	12		7	11		8	1	2				10								21
1	3		4	5	6	11		12	9		7			8		2				10*								22
1	3		4	5	6	11		10	9		7			8		2												23
1	3		4		6	2	8		12		7	11						9		5	10*							24
1	3		4		5	2	6	9	12		7*			11				8			10							25
1	3		4	8	5		6	11	12		7					2*		9			10							26
1	3			5	6	7	8	11										9			10	2	4					27
1	3			8	5	2	6	11			4							9			10		7					28
1	3			5			6	11			4*		9		2	8	12				10		7					29
1	3			5	6	2	4	11			8							9			10		7					30
1	3			8	5	2	6	11			4			12				9			10		7*					31
1	3			5	6	2	8	9	12		4	11*		7							10							32
1		4		5	2	8	9	10			7			6		3							11					33
1		6		5	2	8	11	9			7			4		3							10					34
1		4		5	2	8	11	9			7			6		3							10					35
1		4		5	2	8	10	11			7*			6		3						12	9					36
1	4		5		6	2	8		9		12			7		3				11*			10					37
1	3		4*	5	6	2	8	11			7							9			12		10					38
1	3			5	6	2*	7	10			8			4					9		12		11					39
1	3			5	6		8	9			7	11*		4		2		10			12							40
	3				6*	2	7	10			8			12	1	5		9	4				11					41
	6		5			2	7	10	9		8			4	1	3					12		11*					42
23	30	13	32	30	41	24	35	38	22	3	39	13	1	27	19	26	2	11	2	3	13	1	5	9				
						5	3	1	6		2	2		4			2	1	1	4		1						
							7	17	5		8			6		1		4			3							

25

1976-77

1	Aug	21	(h)	Burnley	D	0-0		19,480
2		24	(a)	Sheffield U	D	2-2	Carr, Sunderland	15,848
3		28	(a)	Nottingham F	W	3-1	Gould 2, Daley	17,222
4	Sep	4	(h)	Charlton A	W	3-0	Gould 2, Sunderland	15,652
5		11	(a)	Fulham	D	0-0		25,794
6		18	(h)	Oldham A	W	5-0	Sunderland, Daley, Kindon 2, Hibbitt	19,126
7		25	(h)	Luton T	L	1-2	Hibbitt	19,826
8	Oct	2	(a)	Hereford U	W	6-1	Sunderland, Kindon, Gould 2, Carr, Daley	13,891
9		5	(h)	Southampton	L	2-6	Hibbitt (pen), Daley	21,286
10		16	(a)	Hull C	L	0-2		12,015
11		23	(h)	Carlisle U	W	4-0	Sunderland 3, Carr	15,563
12		30	(a)	Blackpool	D	2-2	Hibbitt, Munro	21,005
13	Nov	6	(h)	Millwall	W	3-1	Kitchener (og), Sunderland, Daley	17,121
14		13	(a)	Notts Co	D	1-1	Gould	14,234
15		20	(h)	Blackburn R	L	1-2	Sunderland	19,302
16		27	(a)	Orient	W	4-2	Richards 3 (1 pen), Gould	6,888
17	Dec	4	(h)	Plymouth A	W	4-0	Richards 2, Sunderland, Hibbitt	16,370
18		11	(a)	Chelsea	D	3-3	Richards 2, Gould	36,137
19		18	(h)	Bolton W	W	1-0	Gould	18,444
20		27	(a)	Bristol R	W	5-1	Sunderland 2, Eadie (og), Kindon, Daley	20,666
21	Jan	1	(a)	Millwall	D	1-1	Hibbitt	16,928
22		22	(a)	Burnley	D	0-0		13,602
23	Feb	5	(h)	Nottingham F	W	2-1	Carr, Richards	30,661
24		9	(h)	Sheffield U	W	2-1	Sunderland, Richards	20,429
25		12	(a)	Charlton A	D	1-1	Patching	17,055
26		19	(h)	Fulham	W	5-1	Richards, Daley 2, Hibbitt 2 (1 pen)	25,865
27	Mar	1	(h)	Blackpool	W	2-1	Daley, Hibbitt	23,879
28		5	(a)	Luton T	L	0-2		19,200
29		12	(h)	Hereford U	W	2-1	Todd, Hibbitt	22,992
30		15	(a)	Oldham A	W	2-0	Sunderland, Daley	11,808
31		26	(h)	Hull C	W	2-1	Richards, Hibbitt	19,598
32	Apr	2	(h)	Bristol R	W	1-0	Daley	19,149
33		9	(a)	Cardiff C	D	2-2	Daley, Hibbitt	15,455
34		11	(h)	Notts Co	D	2-2	Daley, Richards	25,549
35		16	(a)	Blackburn R	W	2-0	Hibbitt (pen), Richards	11,291
36		19	(a)	Carlisle U	L	1-2	Hibbitt	8,533
37		23	(h)	Orient	W	1-0	Richards	19,877
38		26	(h)	Cardiff C	W	4-1	Palmer, Sunderland, Patching, Hibbitt	21,234
39		30	(a)	Plymouth A	D	0-0		16,794
40	May	3	(a)	Southampton	L	0-1		20,216
41		7	(h)	Chelsea	D	1-1	Richards	33,465
42		14	(a)	Bolton W	W	1-0	Hibbitt	35,603

FINAL LEAGUE POSITION: 1st in Division Two   Appearances

Sub. Appearances

Goals

Pierce	Palmer	Parkin	Daley	McAlle	Bailey	Hibbitt	Carr	Sunderland	Kindon	O'Hara	Kelly	Gould	Patching	Munro	Todd	Richards	Brazier	Berry							
1	2	3	4	5	6	7	8	9	10	11															1
1	2	3	4	6	5	7*	8	9	10	12	11														2
1	2	3	4	6	5	7	8	11	10			9													3
1	2	3	4	6	5	7	8	11	10			9													4
1	2	3	4	6	5	7	8	9	11			10													5
1	2	3	4	6	5	7	8	11	9			10													6
1	2	3	4	6	5	7	8	9	10*			11	12												7
1	2	3	4	6	5	7	8	11	10			9													8
1	2	3	4	6	5	7	8	11	10			9*	12												9
1	2	3	4	6		7	8	9	10*	11			12	5											10
1	2	3	4	6	12	7*	8	9	10		11			5											11
1	2	3	11	6	4*	7	8	9	10				12	5											12
1	2	3	4	6		7		9	10				11	5	8										13
1	2	3	4	6		7		9	10			12	11	5	8*										14
1	2	3	4	6		7		8	10*			12	11	5		9									15
1	2	3	4	6		7*		9	12			10	11	5		8									16
1	2	3	4	6		7		8				10	11	5		9									17
1	2	3	4	6		7		9				10	11	5		8									18
1	2	3	4	6		7		9	10			8	11	5											19
1	2	3	4	6		7		9	10				11	5		8									20
1	2	3	4	6		7		9	10				11	5		8									21
1	2	3	4	6		7	11	9	10					5		8									22
1	2	3	4	6		7	11	9*	12				10	5		8									23
1	2	3	4	6		7	11	9*			12		10	5		8									24
1	2	3	4	6		7	11		9				10	5		8									25
1	2	3	4	6		7	11	9					10	5		8									26
1	2	3	4	6		7	11	9*	12				10	5		8									27
1	2	3	4	6		7	11	9				12	10*	5		8									28
1	2	3	4	6		7		9	10					5	11	8									29
1	2	3	4	6		7	11	9	10					5		8									30
1	2	3	4	6		7	11	9*	10				12	5		8									31
1	2	3	4	6			11	9	10				7	5		8									32
1	2	3	4	6		12	11	9	10*				7	5		8									33
1	2	3	4	6		7	11	9					10	5		8									34
1	2	3*	4	6		7	11	9				12	10	5		8									35
1	2	3	4	6		7	11	9					10	5		8									36
1	2	3	4	6		7	11	9					10	5		8									37
1	2	3	4	6		7	11	9					10	5		8									38
1	2	3	4	6*		7	11	9					10	5	12	8									39
1	2	3	4			7	11	9					10	5		8	6								40
1	2	3	4			7	11	9*				12	10	5		8		6							41
1	2	3	4			7	11	9				12	10	5*		8	6								42
42	42	42	42	39	10	40	32	41	25	2	2	11	26	33	3	27	2	1							
				1	1			3	1	1	6	5		1											
	1		13			16	4	15	4			10	2	1	1	15									

1977-78

1	Aug	20	(a)	Bristol C	W	3-2	Carr (pen), Sunderland, Patching	25,136
2		23	(h)	Queen's Park R	W	1-0	Richards	22,278
3		27	(h)	Arsenal	D	1-1	Kindon	22,909
4	Sep	3	(a)	Everton	D	0-0		36,636
5		10	(h)	Nottingham F	L	2-3	Bell, Daley (pen)	24,622
6		17	(a)	West Brom A	D	2-2	Bell, Daley	30,295
7		23	(a)	Aston Villa	L	0-2		40,403
8	Oct	1	(h)	Leicester C	W	3-0	Richards 3	20,009
9		4	(h)	Derby Co	L	1-2	Hibbitt	21,571
10		8	(a)	Norwich C	L	1-2	Sunderland	18,474
11		15	(h)	West Ham U	D	2-2	Richards, Hibbitt	19,366
12		22	(a)	Manchester C	W	2-0	Richards 2	42,730
13		29	(h)	Coventry C	L	1-3	Hibbitt	23,796
14	Nov	5	(a)	Birmingham C	L	1-2	Patching	28,103
15		12	(h)	Newcastle U	W	1-0	Patching	16,964
16		19	(a)	Middlesbrough	D	0-0		18,464
17		26	(h)	Ipswich T	D	0-0		18,468
18	Dec	3	(a)	Manchester U	L	1-3	Richards	48,874
19		10	(h)	Chelsea	L	1-3	Carr	16,400
20		17	(a)	Newcastle U	L	0-4		22,217
21		26	(h)	Leeds U	W	3-1	Richards 2, Patching	27,704
22		27	(a)	Liverpool	L	0-1		50,294
23		31	(a)	Queen's Park R	W	3-1	Bell 2, Daley	16,067
24	Jan	2	(h)	Bristol C	D	0-0		25,283
25		14	(a)	Arsenal	L	1-3	Young (og)	34,784
26		21	(h)	Everton	W	3-1	Hibbitt 2, Daley	23,777
27	Feb	4	(a)	Nottingham F	L	0-2		28,803
28		25	(h)	Leicester C	L	0-1		15,763
29	Mar	4	(h)	Norwich C	D	3-3	Daley 2, Hibbitt	16,813
30		11	(h)	West Ham U	W	2-1	Rafferty, Carr	23,525
31		14	(h)	West Brom A	D	1-1	Daley	29,757
32		18	(h)	Manchester C	D	1-1	Hazell	20,583
33		25	(h)	Liverpool	L	1-3	Patching	27,531
34		27	(a)	Leeds U	L	1-2	Daley	24,440
35		28	(a)	Coventry C	L	0-4		25,661
36	Apr	1	(h)	Birmingham C	L	0-1		19,926
37		8	(a)	Derby Co	L	1-3	Patching	20,836
38		15	(h)	Middlesbrough	D	0-0		15,466
39		22	(a)	Chelsea	D	1-1	Eves	31,637
40		29	(h)	Manchester U	W	2-1	Patching, Eves	24,774
41	May	2	(h)	Aston Villa	W	3-1	Richards, Eves, Rafferty	30,644
42		9	(a)	Ipswich T	W	2-1	Rafferty 2	24,904

FINAL LEAGUE POSITION: 15th in Division One

Appearances

Sub. Appearances

Goals

Parkes	Palmer	Parkin	Daley	McAlle	Daly	Carr	Richards	Sunderland	Kindon	Patching	Todd	Bell	Brazier	Hibbitt	Bradshaw	Farley	Kelly	Eves	Hazell	Black	Berry	Rafferty	Clarke	
1	2	3	4	5	6	7	8	9	10	11														1
1	2	5	4	6	3	8	9	11	10	7														2
1	2	5	4	6	3	8	9	11	10	7														3
1	2	5	4	6	3	8	9	11	10	7														4
1	2	5	4	6	3	8	9	11		7	10*	12												5
1	2		4	6	3	8		11		7		9	5	10										6
1	2		4	6	3	8	9	11		7*		12	5	10										7
	2		4	6	3	8	9	11	10				5	7	1									8
	2	5	4	6	3	8	9	11	10*	12				7	1									9
	2	6	4		3*	8	9	11	12	10			5	7	1									10
	2	6			3	8	9	11		4		10	5	7	1									11
	2	3		6		8	9	11		4		10	5	7	1									12
	2	3		6		8	9	11		4		10	5	7*	1	12								13
	2	3	5	6		8	9			4		10		7	1		11							14
		3	5	6	2	8	9			4	10*		7	1	12	11								15
		3	5	6	2	8	9			4			7	1	11	10								16
	2	3	5	6		8	9			4			7	1		11	10							17
	2	3	5	6	11	8	9			4			7	1			10							18
	2	3	5	6	11*	8	9			4				1	7	12	10							19
	2	3	4	6		8	9						7	1	11		10	5						20
	2	3	4	6		8	9			11		10	7	1				5						21
	2*	3	4	6	11	8	9					10	7	1	12			5						22
		3	4	6	2	8	9					10	7	1				5	11					23
	2	3	4	6		8	9					10	7	1				5	11					24
	2	3	4	6	11	8	9					12	7	1		10*	5							25
	2	3	4	6	11	8				10		9	7	1				5						26
	2	3	4	6	11	8	9					10	7	1					5					27
	2	3	4	6	11	8	9			10			7	1				5						28
	2	3	4	6	12	8				11			7*	1	9		5			10				29
1	2	3	4	6	12	8	9			11*		7		1			5			10				30
	2		4	6	3*	8	9			11		7		1			5	12		10				31
	2	3	4	6		8	9			11				1			5	7		10				32
	2	3	4	6		8	9			7				1	11		5			10				33
	2	3	4	6	11	8				7		9	12	1			5			10*				34
	2	3	4	6	11	8				7		10		1		9	5							35
	2	3	4	6		8*	9			7		5		1	11	12				10				36
	2	3	4	6	12		9			7		8		1	11*		5			10				37
		2	4	6	3		9			7*				1		11	12	5	8	10				38
	2	3	4	6			9			7				1		11	5		8	10				39
	2	3	4	6			9			7				1		11	5	4		10				40
	2	3	4	6			9			7				1		11	5	8		10				41
	2	3	4	6			9			7				1		11*	5		8	10	12			42
8	38	38	39	40	25	36	37	13	6	34	1	13	12	23	12	34	4	8	10	20	3	7	13	
					3						1	1		3	1		3	1	2		4		1	
		8			3	11	2	1	7			4		6			3	1		4				

29

1978-79

1	Aug	19	(a)	Aston Villa	L	0-1		43,922
2		22	(h)	Chelsea	L	0-1		22,041
3		26	(a)	Leeds U	L	0-3		26,267
4	Sep	2	(h)	Bristol C	W	2-0	Rodgers (og), Hibbitt	16,121
5		9	(a)	Southampton	L	2-3	Bell, Daniel (pen)	22,060
6		16	(h)	Ipswich T	L	1-3	Beattie (og)	16,409
7		23	(a)	Everton	L	0-2		30,895
8		30	(h)	Queen's Park R	W	1-0	Daniel (pen)	14,250
9	Oct	7	(a)	Nottingham F	L	1-3	Eves	29,313
10		14	(h)	Arsenal	W	1-0	Eves	19,664
11		21	(a)	Middlesbrough	L	0-2		19,389
12		28	(h)	Manchester U	L	2-4	Hibbitt, Daley	23,979
13	Nov	4	(a)	Derby Co	L	1-4	Carr	20,658
14		11	(h)	Aston Villa	L	0-4		23,289
15		18	(h)	Leeds U	D	1-1	Daniel	18,961
16		21	(a)	Bristol C	W	1-0	Daley	17,421
17		25	(a)	Tottenham H	L	0-1		35,450
18	Dec	9	(a)	Bolton W	L	1-3	Berry	21,006
19		16	(h)	West Brom A	L	0-3		29,117
20		26	(h)	Birmingham C	W	2-1	Hibbitt, Daniel (pen)	26,315
21		30	(h)	Coventry C	D	1-1	Daley	21,514
22	Jan	17	(h)	Southampton	W	2-0	Carr, Bell	15,104
23		20	(a)	Ipswich T	L	1-3	Berry	17,965
24	Feb	3	(h)	Everton	W	1-0	Daley	21,892
25		10	(a)	Queen's Park R	D	3-3	Bell, Clarke, Patching	11,814
26		24	(a)	Arsenal	W	1-0	Richards	32,215
27	Mar	3	(h)	Middlesbrough	L	1-3	Richards	18,782
28		7	(a)	Norwich C	D	0-0		15,427
29		20	(a)	Liverpool	L	0-2		39,695
30		24	(a)	Chelsea	W	2-1	Richards, Rafferty	20,502
31		27	(h)	Manchester C	D	1-1	Carr	19,998
32	Apr	3	(h)	Tottenham H	W	3-2	Richards, Daley, Hibbitt	19,819
33		7	(a)	Manchester C	L	1-3	Hibbitt	32,298
34		10	(h)	Liverpool	L	0-1		30,857
35		14	(a)	Birmingham C	D	1-1	Richards	20,556
36		16	(h)	Norwich C	W	1-0	Hibbitt	18,457
37		21	(a)	West Brom A	D	1-1	Richards	32,385
38		24	(h)	Derby Co	W	4-0	Rafferty, Berry, Daley, Daniel	19,036
39		28	(h)	Bolton W	D	1-1	Richards	18,225
40		30	(h)	Nottingham F	W	1-0	Richards	23,613
41	May	5	(a)	Coventry C	L	0-3		21,825
42		7	(a)	Manchester C	L	2-3	Bailey (og), Richards	39,402

FINAL LEAGUE POSITION: 18th in Division One

Appearances
Sub. Appearances
Goals

Bradshaw	Daniel	Palmer	Parkin	Hazell	McAlle	Hibbitt	Carr	Rafferty	Eves	Daley	Bell	Berry	Richards	Clarke	Patching	Arkwright	Pierce	Brazier	Moss	Black	
1	2	3	4	5	6	7	8	9	10*	11	12										1
1	2	3	4	5*	6	7	8	10	9	11	12										2
1	2	3	4		6	7	8	10		11		5	9								3
1	2	3	4		6	7	8			11	10	5	9								4
1	2	3	4		6	7*	8	9		11	10	5		12							5
1	4*	2	3	5	6		8	12		11	10			9	7						6
1	4	2	3	5	6		8		12	11	10			9*	7						7
1	4	2	3	5	6		8	9*	10	11					7	12					8
1	4	2	3	5	6		8*		10	11	12				7	9					9
	4	2	3		6	7		12	10	11				8*		9	1	5			10
	4	2*	3		6	7			10	11	12			9		8	1	5			11
	2		3		6	7	8	9	10	11					4		1	5			12
1		2	3	4	6	7	8	9	10	11							5				13
1	4	2	3		6	7	8*		10		9	5		12			11				14
1	4	2	3	5		7			10	8	9	6						11			15
1	4	2	3	5		7	8		10	11	9	6									16
1	4	2	3	5		7*	8	12	10	11	9	6									17
1	4	2	3	5		7	11	10		8	9	6									18
1	4	2	3	5		7	11	10		8	9	6									19
1	4	2	3		5	7	11		10	8	9	6									20
1	4	2	3		5	7	11		10	8	9	6									21
1	4	2	3		5	7	11		10	8	9	6									22
1	4	2	3		5	7	11		10*	8	9	6		12							23
1	4	2	3		6	7	11		10	8	9	5									24
1	4*	2	3		5	7	11			8	9	6		10	12						25
1	4	2	3		5	7	11		12		9	6	10*		8						26
1	4	2	3		5	7*	11		12		6	10	9	8							27
1	4	2	3		5	7	11	9		8		6	10*	12							28
1	4	2	3		5	7	11	9		8		6	10								29
1	4	2	3		5	7	11	9		8		6	10								30
1	4	2	3		5	7	11	9		8		6	10								31
1	4	2	3		5	7	11	9		8		6	10								32
1	4	2	3		5	7	11	9		8		6	10								33
1	4	2	3		5	7	11	9		8		6	10								34
1	4	2	3		5	7*	11	9		8		6	10	12							35
1	4	2	3		5	7	11*	9		8		6	10	12							36
1	4	2	3		5	7		9		8		6	10	11							37
1	4	2	3		5	7		9		8		6	10	11							38
1	4	2	3		5	7		9		8		6	10	11							39
1	4	2	3		5	7	11	9		8			10			6					40
1	4*	2	3	12	5	7	11	9		8			10			6					41
1		2	3		5		7	9		8		6	10	11*			12	4			42
39	40	41	42	12	37	37	36	24	17	39	17	30	19	6	11	3	3	6	1	2	
				1				3	2	1	4			2	5	1		1			
	5					6	3	2	2	6	3	3	9	1	1						

31

1979-80

#	Month	Date	H/A	Opponent	Result	Score	Scorers	Attendance
1	Aug	22	(a)	Derby Co	W	1-0	Clarke	21,727
2		25	(h)	Ipswich T	W	3-0	Carr, Daniel, Eves	22,025
3	Sep	1	(a)	Bristol C	L	0-2		18,835
4		8	(h)	Crystal Palace	D	1-1	Clarke	24,580
5		15	(a)	Everton	W	3-2	Gray, Daniel (pen), Richards	31,807
6		22	(h)	Manchester U	W	3-1	Hibbitt, Gray, Richards	35,954
7		29	(a)	Arsenal	W	3-2	Hibbitt, Gray 2	41,844
8	Oct	6	(a)	Nottingham F	L	2-3	Richards, Daniel (pen)	27,569
9		9	(h)	Derby Co	D	0-0		30,131
10		13	(h)	Norwich C	W	1-0	Carr	28,060
11		20	(a)	Middlesbrough	L	0-1		18,393
12		27	(h)	Aston Villa	D	1-1	Gray	36,267
13	Nov	3	(a)	Liverpool	L	0-3		49,541
14		10	(a)	Stoke C	W	1-0	Hibbitt	26,061
15		17	(h)	Coventry C	L	0-3		22,805
16		24	(h)	West Brom A	D	0-0		32,564
17	Dec	1	(a)	Manchester C	W	3-2	Gray, Hibbitt, Daniel	33,894
18		8	(h)	Bolton W	W	3-1	Gray 2, Walsh (og)	20,169
19		15	(a)	Leeds U	L	0-3		21,227
20		21	(h)	Brighton & HA	L	1-3	Eves	15,807
21		26	(h)	Southampton	D	0-0		22,808
22		29	(a)	Ipswich T	L	0-1		22,333
23	Jan	12	(h)	Bristol C	W	3-0	Gray, Richards, Daniel	18,835
24		19	(a)	Crystal Palace	L	0-1		22,577
25	Feb	2	(h)	Everton	D	0-0		21,663
26		9	(a)	Manchester U	W	1-0	Eves	51,568
27		23	(a)	Norwich C	W	4-0	Hibbitt 2 (2 pens), Eves, Richards	17,063
28		26	(h)	Liverpool	W	1-0	Richards	36,693
29	Mar	1	(h)	Middlesbrough	L	0-2		21,852
30		10	(a)	Aston Villa	W	3-1	Brazier, Bell, Daniel	30,432
31		22	(h)	Stoke C	W	3-0	Gray, Eves, Richards	27,968
32		29	(a)	Coventry C	W	3-1	Atkinson, Richards 2	19,507
33	Apr	5	(h)	Tottenham H	L	1-2	Richards	30,713
34		7	(a)	Southampton	W	3-0	Gray 2, Bell	22,307
35		8	(a)	Brighton & HA	L	0-3		27,026
36		12	(h)	Manchester C	L	1-2	Futcher (og)	23,850
37		19	(a)	West Brom A	D	0-0		30,010
38		23	(a)	Tottenham H	D	2-2	Hibbitt, Bell	19,843
39		26	(h)	Leeds U	W	3-1	Richards, Eves, Hibbitt	22,746
40	May	3	(a)	Bolton W	D	0-0		11,710
41		12	(h)	Nottingham F	W	3-1	Hibbitt (pen), Richards, Palmer	21,725
42		16	(a)	Arsenal	L	1-2	Richards	23,619

FINAL LEAGUE POSITION: 6th in Division One

Appearances

Sub. Appearances

Goals

Bradshaw	Palmer	Parkin	Daniel	Berry	Hughes	Hibbitt	Carr	Rafferty	Patching	Clarke	Eves	Gray	Richards	Brazier	Thomas	McAllie	Atkinson	Bell	Moss	Humphrey	Kearns	
1	2	3	4	5	6	7	8	9	10	11*	12											1
1	2	3	4	5	6	7	10	9	11	8*	12											2
1	2	3	4	5	6	7	10	9	11	8												3
1	2	3	4	6	5	7	8	9	11*	10	12											4
1	2	3	4	6	5	7	8					11	9	10*	12							5
1	2	3	4	6	5	7	8					11	9	10								6
1	2	3	4	6	5	7	8					11	9	10								7
1	2	3	4	6	5	7	8					11	9	10								8
1	2	3	4	6	5	7	8						9	10		11						9
1	2	3	4	6	5	7	8						9	10		11						10
1	2	3	4	6	5	7	8						9	10		11						11
1	2	3	4	6	5	7	8				12	9	10		11*							12
1	2	3		6	5	7	8			4		9	10		11							13
1	2	3	4	6		7	8				10	9	11			5						14
1	2	3	4*	6	12	7	8					11	9	10		5						15
1	2	3	4	6	5	7	8					9	10		11							16
1	2	3	4	6	5	7	8					9	10		11							17
1	2	3	4*	6	5	7	8					11	9	10	12							18
1	2	3	4	6		7	8				10	11	9		5							19
1	2	3		6	5	7	8				9	10			12	11	4*					20
1	2		4	6		7	8					11	9	10	3		5					21
1	2*		4	6		7	8				12	11	9	10	3		5					22
1	2	3	4	6			8					9	10			11	5	7				23
1	2	3	4	6	7		8					9	10			11	5					24
1	2	3	4	6	5	7	8				10	11	9									25
1	2	3	6	5		7*	8					11	9	10	12		4					26
1	2	3	4	5	6	7	8					11	9	10								27
1	2	3	4	6	5	7	8					11	9	10								28
1	2	3	4	6	5	7*	8				12	11	9	10								29
1	2	3	4	6	5		8				9				7			10	11			30
1	2	3		6	5		8					11	9	10	7		4					31
1	2	3		6	5		8					11	9	10	7		4					32
1	2	3		6	5		8				12	11	9	10*	7		4					33
1		3	4	6	5		8				10*	11	9		7			12	2			34
1		3	4	6	5		8				10	11	9		7				2			35
1	2	3	4	6	5		8				10	11	9*		7			12				36
	2	3	4	6			8				10	11	9		5		7*	12		1		37
1	2	3	4	6	5*	10	8					11			7			12	9			38
	2	3	4	6	12	7	8					11	9	10*	5					1		39
	2	3	4		6	7	8					11	9	10	5					1		40
	2	3	4	6	5	7						11	9	10	8					1		41
	2	3	4	6	5	7						11	9*	10	8		12			1		42
37	40	40	37	41	33	32	40	4	5	13	27	35	29	16	10	8	5	2	1	2	5	
				2						3	4			4			2	3				
	1		6		9	2				2	6	12	13	1			1	3				

33

1980-81

1	Aug	16	(a)	Brighton & HA	L 0-2		19,307
2		19	(h)	Manchester U	W 1-0	Berry	31,955
3		23	(a)	West Brom A	D 1-1	Gray	25,409
4		30	(h)	Crystal Palace	W 2-0	Gray, Richards	20,601
5	Sep	6	(a)	Everton	L 0-2		21,820
6		13	(h)	Coventry C	L 0-1		18,115
7		20	(a)	Aston Villa	L 1-2	Eves	26,881
8		27	(h)	Ipswich T	L 0-2		18,503
9	Oct	4	(h)	Birmingham C	W 1-0	Richards	22,777
10		7	(a)	Southampton	L 2-4	Richards, Gray	21,712
11		11	(a)	Norwich C	D 1-1	Hibbitt	12,993
12		18	(h)	Leeds U	W 2-1	Hughes, Richards	20,699
13		25	(a)	Leicester C	L 0-2		18,133
14	Nov	1	(h)	Sunderland	W 2-1	Clarke 2	18,816
15		8	(a)	Tottenham H	D 2-2	Atkinson, Richards	29,244
16		12	(a)	Manchester U	D 0-0		37,959
17		15	(h)	Brighton & HA	L 0-2		15,946
18		22	(a)	Middlesbrough	L 0-2		13,562
19		25	(h)	Liverpool	W 4-1	Eves, Richards, Bell, Hughes	25,497
20		29	(h)	Stoke C	W 1-0	Bell	18,786
21	Dec	6	(a)	Arsenal	D 1-1	Richards	26,050
22		13	(h)	Southampton	D 1-1	Bell	18,147
23		20	(a)	Liverpool	L 0-1		33,563
24		26	(h)	Nottingham F	L 1-4	Richards (pen)	31,588
25		27	(a)	Manchester C	L 0-4		37,817
26	Jan	10	(h)	Middlesbrough	W 3-0	Hibbitt, Eves 2	16,253
27		17	(a)	Crystal Palace	D 0-0		15,080
28		31	(h)	West Brom A	W 2-0	Eves, Gray	29,764
29	Feb	7	(a)	Coventry C	D 2-2	Richards, Gray	18,243
30		21	(a)	Ipswich T	L 1-3	Gray	24,218
31		28	(h)	Aston Villa	L 0-1		34,693
32	Mar	14	(h)	Norwich C	W 3-0	Richards, McDowell (og), Palmer	21,605
33		17	(a)	Birmingham C	L 0-1		20,005
34		21	(a)	Leeds U	W 3-1	Richards, Clarke, Gray	19,252
35		28	(h)	Leicester C	L 0-1		21,694
36	Apr	4	(a)	Sunderland	W 1-0	Gray	20,138
37		18	(h)	Manchester C	L 1-3	Richards	17,371
38		20	(a)	Nottingham F	L 0-1		19,711
39		25	(h)	Arsenal	L 1-2	Richards	15,160
40		30	(h)	Tottenham H	W 1-0	Gray	18,530
41	May	2	(a)	Stoke C	L 2-3	Evans (og), Hibbitt	14,929
42		4	(h)	Everton	D 0-0		16,269

FINAL LEAGUE POSITION: 18th in Division One

Appearances
Sub. Appearances
Goals

Bradshaw	Palmer	Parkin	Daniel	Hughes	Berry	Brazier	Carr	Gray	Richards	Eves	Clarke	Hibbitt	Villazan	Atkinson	Bell	Humphrey	Hollifield	McAlle	Teasdale	Moss	Kearns	Matthews	
1	2	3	4	5	6	7	8	9	10	11*	12												1
1	2	3*	4	5	6	7	8	9	10	11	12												2
1	2		4	5	6	3	8	9*	10	11	12	7											3
1	2		4	5	6	3*	8	9	10	11	12		7										4
1	2	3	4	5	6		8	9	10	11	12			7*									5
1	2	3	4*	5	6		8	9	10	11	7		12										6
1	2			5	6	3	8		10	11	12		7	4	9*								7
1	2	3	4	5		6		9	12	11	10*		7	8									8
1	2	3	4	5		12	8	9	10	11		7*	6										9
1		3*	4	5			8	9	10	11		7	6		12	2							10
1			4	5		3	8	9	10	11		7	6			2							11
1	3		4	5			8	9	10	11		7	6			2							12
1	3		4		5	12	8*		10	11	9	7	6			2							13
1	3		4			5	12		10	11	9*	7	6	8		2							14
1			4			5	12		10	11	9	7	6*	8		2	3						15
1			4	6		5			10	11	9	7		8		2	3						16
1	2		4*	6		5	12		10	11	9	7		8			3						17
1	11*		4	5		6			10	12	9	7		8		2	3						18
1			4	6		5			10	11		7		8	9	2	3						19
1			4	6		5			10	11		7		8	9	2	3						20
1			4	6		5			10	11		7		8	9	2	3						21
1	2		4	6		5			10	11		7		8	9		3						22
1	2		4	6		5			10	11		7		8	9		3						23
1	2		4	6		5		12	10	11		7		8*	9		3						24
1	2			6	4	5	8*	11	10			7		12	9		3						25
1	2		4		6				10	11		7		8	9		3	5					26
1	2	12	4*		6				10	11		7		8	9		3	5					27
1	2	3	4*		6			9	10	11		7		8	12			5					28
1	2	3			6			9	10	11*	4	7		8	12			5					29
1	2	3	4*		6			9	10	11		7		8	12			5					30
1	2	3	4*		6		8	9	10	11		7			12			5					31
1	2	3			6		8	9	10	11	4	7						5					32
1	2	3		7	6		8	9	10	11	4*			12				5					33
1	2	3			6		8	9	10	11*	4	7		12				5					34
1	2	3			6		8	9	10	11	4*	7		12				5					35
1	2	3			6		8	12		11*	4		7	9				5	10				36
1		3			6			10			4*	7		8	9	2		5	12	11			37
1	2	3			6		8	9	10	11*	4	7						5	12				38
	2	3			6		8	9	10		4	7						5	11		1		39
	2				6	4	8	9*	10			7		12			3	5	11		1		40
	2				6	4*	8	9	10			7		12			3	5	11		1		41
	2				6		9	10		4	7						3	5	11		1	8	42
38	34	19	28	23	25	22	23	25	40	35	18	33	11	20	12	12	16	17	5	1	4	1	
		1				2	3	2	1	1	6		1	3	8			2					
	1			2	1		9	13	5	3	3		1	3									

1981-82

#	Month	Date	H/A	Opponent	Result	Score	Scorers	Attendance
1	Aug	29	(h)	Liverpool	W	1-0	Matthews	28,001
2	Sep	1	(a)	Southampton	L	1-4	Clarke	21,315
3		5	(a)	Leeds U	L	0-3		20,216
4		12	(h)	Tottenham H	L	0-1		18,675
5		19	(a)	Sunderland	D	0-0		22,061
6		22	(h)	Brighton & HA	L	0-1		12,586
7		26	(h)	Notts Co	W	3-2	Eves 2, Daniel	11,594
8	Oct	3	(a)	Manchester U	L	0-5		46,837
9		10	(a)	Ipswich T	L	0-1		20,498
10		17	(h)	Middlesbrough	D	0-0		12,061
11		24	(h)	Aston Villa	L	0-3		19,942
12		31	(a)	Swansea C	D	0-0		17,750
13	Nov	7	(h)	Coventry C	W	1-0	Eves	13,193
14		21	(a)	Birmingham C	W	3-0	Richards, Gray, Brazier	18,223
15		24	(h)	Southampton	D	0-0		15,438
16		28	(h)	Stoke C	W	2-0	Palmer (pen), Matthews	15,314
17	Dec	5	(a)	West Brom A	L	0-3		22,378
18		28	(a)	Manchester C	L	1-2	Daniel	40,298
19	Jan	16	(a)	Liverpool	L	1-2	Atkinson	26,438
20		23	(h)	Everton	L	0-3		11,784
21		30	(h)	Sunderland	L	0-1		11,099
22	Feb	2	(a)	Arsenal	L	1-2	Hibbitt	15,163
23		6	(a)	Tottenham H	L	1-6	Hibbitt	29,960
24		13	(h)	Manchester U	L	0-1		22,481
25		16	(h)	Nottingham F	D	0-0		11,195
26		20	(a)	Notts Co	L	0-4		10,173
27		27	(h)	Ipswich T	W	2-1	Clarke 2	12,439
28	Mar	6	(a)	Middlesbrough	D	0-0		10,155
29		13	(a)	Aston Villa	L	1-3	Clarke	26,790
30		16	(h)	Leeds U	W	1-0	Eves	11,729
31		20	(h)	Swansea C	L	0-1		14,158
32		27	(a)	Coventry C	D	0-0		11,514
33	Apr	3	(h)	Arsenal	D	1-1	Eves	11,532
34		6	(a)	West Ham U	L	1-3	Richards	20,651
35		10	(a)	Nottingham F	W	1-0	Gray	15,691
36		12	(h)	Manchester C	W	4-1	Gray, Clarke, Hibbitt, Eves	14,891
37		17	(h)	Birmingham C	D	1-1	Gray	18,964
38		24	(a)	Stoke C	L	1-2	Hibbitt	13,797
39	May	1	(h)	West Brom A	L	1-2	Gray	19,813
40		4	(a)	Brighton & HA	L	0-2		10,429
41		8	(a)	Everton	D	1-1	Clarke	20,124
42		15	(h)	West Ham U	W	2-1	Eves, Richards	13,282

FINAL LEAGUE POSITION: 21st in Division One

Appearances

Sub. Appearances

Goals

Bradshaw	Palmer	Parkin	Daniel	Gallagher	Villazan	Birch	Hibbitt	Gray	Clarke	Matthews	Bell	Richards	Humphrey	Berry	Coy	Carr	Eves	Atkinson	Brazier	Hollifield	Teasdale	Moss	Pender	Kernan	
1	2	3	4	5	6	7	8*	9	10	11	12														1
1	2	3	4	5	6	7*	8	9	10	11		12													2
1	2	3	4	5*	6	7	8	9	10	11		12													3
1	12	3	4*			11	7					9	8	2	5	6	10								4
1		3	4	5		11	7		8	10*	9	12	2	6											5
1		3	4	5		7	8	9	10	11*	12		2	6											6
1	2	3	4	5		8	7*	9		11		12		6		10									7
1	2	3	4	5		8*	7	9		11		10		6			12								8
1	2	3		5	6		7	9	8	11*	10					4	12								9
1	2	3		5	6	11	7	9	12	4		10				8*									10
1	2	3		5	6	7		8	4					11	9		10								11
1	2	3	4			7*		12	11		10		6		9	8	5								12
1	2	3	8			7			4		10		5		9	11	6								13
1	2	3	4	5			9		7		10		6		11		8								14
1	2	3	4	5		12	9		7*		10		6		8		11								15
1	2	3	4	5			9		7		10		6		8		11								16
1	2		4	5		12	9		7		10	3*	6		8		11								17
1	2	3	4	5		7*		9		12	10		6		8		11								18
1	2	3	4	5			9	8	7		10		6			11									19
1	2		4	5		8			7		10	6*			12		3	9	11						20
1	2			5*	12	7	9				10	3	6		8	4	11								21
1	2			5	12	7	9				10	3	6		8*	4	11								22
1	2			5		7	9	12			10	3	6		8	4	11*								23
1	2	8				7	9	12			10	3	6	5	11*		4								24
1	2	8	5			7	9	11			10	3		6			4								25
1	2	8	5			7	9	11			10	3		6		12	4*								26
1	2	3		5		7	9	11	4		10		6	8											27
1	2	3		5		7	9	11	4		10		6	8											28
1	2	3		5	4	7		11	12	10*			6	8	9										29
1	3			5	4	7		11	10		2		6	8	9										30
1	3					7	9	11	4		2		6	8	10				5						31
1	3					7	9		4		2		6	8	10				5	11					32
1	3					7		11	4		9	2	6	8	10				5						33
1	3					7		11	4		9	2	6	8	10				5						34
1	3				4*	7	12	11			9	2	6	8	10				5						35
1						7	9	11			10	2	6	8	4		3		5						36
1	3					7	9	11			10	2	6	8	4				5						37
1						7	9	11	12		10*	2	5	6	8	4		3							38
1						7	9	11	10			2	5	6	8	4		3							39
1							7	11	9		10	2	5	6	8	4	12	3*		5					40
1			5				7	11	9		10	2	5	6	8	4	3								41
1			5				7	11	9		10	2		6	8	4	3								42
42	33	21	20	28	9	13	33	28	25	29	3	30	23	20	20	19	26	13	11	5	1	1	8	1	
	1					2	2		1	4	3	2	4			1	3	1							
	1		2			4	5	6	2		3				7	1	1								

37

1982-83

#	Month	Date	H/A	Opponent	Result	Score	Scorers	Attendance
1	Aug	28	(h)	Blackburn R	W	2-1	Eves 2	15,605
2		31	(a)	Chelsea	D	0-0		14,192
3	Sep	4	(a)	Leeds U	D	0-0		16,462
4		7	(h)	Charlton A	W	5-0	Eves, Gray, Palmer, Clarke, Matthews	13,063
5		11	(h)	Barnsley	W	2-0	Humphrey, Eves	15,065
6		18	(a)	Bolton W	W	1-0	Livingstone	9,264
7		25	(h)	Rotherham U	W	2-0	Clarke, Humphrey	16,377
8	Oct	2	(a)	Carlisle U	W	2-0	Smith, Livingstone	7,723
9		9	(a)	Sheffield W	D	0-0		21,519
10		16	(h)	Leicester C	L	0-3		15,782
11		30	(h)	Derby Co	W	2-1	Palmer (pen), Gray	13,804
12	Nov	2	(a)	Cambridge U	L	1-2	Eves	4,571
13		6	(h)	Grimsby T	W	3-0	Gray, Eves, Clarke	12,701
14		13	(a)	Oldham A	L	1-4	Hibbitt	7,962
15		20	(h)	Fulham	L	2-4	Clarke, Gray	14,448
16		27	(a)	Crystal Palace	W	4-3	Matthews 2, Clarke, Gray	10,225
17	Dec	4	(h)	Middlesbrough	W	4-0	Eves 2, Cartwright, Dodd	11,856
18		11	(a)	Newcastle U	D	1-1	Eves	19,485
19		18	(a)	Queen's Park R	W	4-0	Humphrey, Clarke, Palmer (pen), Dodd	15,423
20		27	(a)	Shrewsbury T	W	2-0	Clarke 2	13,336
21		28	(h)	Burnley	W	2-0	Eves, Gray	21,961
22	Jan	1	(a)	Fulham	W	3-1	Pender, Clarke, Eves	17,196
23		3	(h)	Leeds U	W	3-0	Clarke, Gray, Eves	22,567
24		15	(a)	Blackburn R	D	2-2	Matthews, Dodd	7,401
25		22	(h)	Chelsea	W	2-1	Eves, Clarke	19,533
26	Feb	5	(a)	Barnsley	L	1-2	Smith	13,535
27		12	(h)	Carlisle U	W	2-1	Eves, Livingstone	13,171
28		26	(a)	Leicester C	L	0-5		13,530
29	Mar	1	(h)	Sheffield W	W	1-0	Clarke (pen)	16,656
30		5	(h)	Cambridge U	D	1-1	Eves	13,204
31		12	(a)	Derby Co	D	1-1	Kellock	17,644
32		19	(a)	Grimsby T	D	1-1	Eves	7,600
33		26	(h)	Oldham A	D	0-0		12,940
34	Apr	2	(a)	Burnley	W	1-0	Palmer	9,593
35		4	(h)	Shrewsbury T	D	2-2	Palmer (pen), Eves	17,509
36		9	(a)	Rotherham U	D	1-1	Hibbitt	7,286
37		16	(h)	Bolton W	D	0-0		12,723
38		23	(a)	Middlesbrough	D	0-0		10,315
39		30	(h)	Crystal Palace	W	1-0	Gray	12,523
40	May	2	(a)	Charlton A	D	3-3	Kellock 2, Eves	7,935
41		7	(a)	Queen's Park R	L	1-2	Gray	19,854
42		14	(h)	Newcastle U	D	2-2	Matthews, Gray	22,446

FINAL LEAGUE POSITION: 2nd in Division Two

Appearances
Sub. Appearances
Goals

Burridge	Humphrey	Wintersgill	Palmer	Pender	Coy	Daniel	Clarke	Livingstone	Eves	Matthews	Butler	Smith	Gray	Hibbitt	Gallagher	Dodd	Cartwright	Rudge	Kellock	Richards	
1	2	3	4	5	6	7	8	9*	10	11	12										1
1	2	3*	4	5	6	7	8	9	10	11		12									2
1	2		3	5	6	7	8		10	11		4	9								3
1	2		3	5	6	7	8		10	11	12	4	9*								4
1	2		3	5	6	7	8	9*	10	11	12	4									5
1	2		3	5	6	7	8	9	10	11		4									6
1	2		3	5	6	7	8	9	10	11		4									7
1	2		3	5	6	7	8	9	10	11		4									8
1	2		3	5	6	7	8	9*	10	11		4		12							9
1	2		3	5	6	7	8	9	10	11		4*		12							10
1	2		3	5	6		8		10	4	11		9	7							11
1	2		3	5	6		8	11*	10	4	12		9	7							12
1	2		3*		6	7	8		10	11	12		9	4	5						13
1	2		3		6	7	8*		10	11			9	4	5	12					14
1	2		3		6	7	8		10*	11			9	4	5	12					15
1	2		3	5			8		10	11			9	4		6	7				16
1	2		3	5			8		10	11			9	4		6	7				17
1	2		3	5			8		10	11			9	4		6	7				18
1	2		3	5			8		10	11			9	7		6		4			19
1	2		3	5	12		8		10	11*			9	4		6		7			20
1	2		3	5	12		8		10			11	9	7		6		4*			21
1	2		3	5			8		10	11		4	9	7		6					22
1	2		3	5*	12		8		10	11		4	9	7		6					23
1	2		3	5			8		10	11		4	9	7		6					24
1	2		3	5			8		10	11		4	9	7		6					25
1	2		3	5			8		10	11		4	9			6	7				26
1	2		3	5			8	12	10	11*			9	7		6		4			27
1	2		3*	5			8		10	11		12	9	7		6		4			28
1	2			5			8		10	11		3	9	7		6		4			29
1	2		12	5			8		10	11		3	9	7		6		4*			30
1	2		3	5					10	11		4	9	7		6			8		31
1	2		3	5			8		10	11*		4	9			6			7	12	32
1	2		3	5			8		10	11		4	9	12		6			7*		33
1	2		3	5			8		10	11		4		12		6			7*	9	34
1	2		3	5			8		10	11		4	9			6			7		35
1	2		3	5					10	11		4	9	7		6			8*	12	36
1	2		3	5			8*			11	12	4	9	7		6			10		37
1	2		3	5			8	10		11		12	9*	7		6	4				38
1	2		3	5			8		10*	11	12		9	7		6	4				39
1	2		3	5			8		10				9	7		6	4	11			40
1	2		3	5					10	11			9	7		6	4	8			41
1	2		3	5				12	10	11*	4	9	7		6			8			42
42	42	2	40	39	15	13	38	10	40	40	1	24	33	27	3	27	7	8	9	2	
			1		3		1	1			7	3		4			2		2		
		3		5	1			12	3	18	5		2	10	2		3	1		3	

39

1983-84

1	Aug	22	(h)	Liverpool	D	1-1	Palmer (pen)	26,249
2		29	(h)	Arsenal	L	1-2	Clarke	18,571
3	Sep	3	(a)	Norwich C	L	0-3		13,713
4		7	(a)	Sunderland	L	2-3	Towner, Eves	12,961
5		10	(h)	Birmingham C	D	1-1	Eves	15,933
6		17	(a)	Luton T	L	0-4		10,975
7		24	(h)	Queen's Park R	L	0-4		11,511
8	Oct	1	(a)	Southampton	L	0-1		16,589
9		15	(h)	Tottenham H	L	2-3	Gray 2	12,523
10		23	(h)	Aston Villa	D	1-1	Clarke	13,202
11		29	(a)	Manchester U	L	0-3		41,880
12	Nov	5	(a)	Nottingham F	L	0-5		13,855
13		12	(h)	West Ham U	L	0-3		12,062
14		19	(a)	Coventry C	D	0-0		11,419
15		26	(a)	West Brom A	W	3-1	Crainie 2, Clarke	17,947
16	Dec	3	(h)	Watford	L	0-5		11,605
17		10	(a)	Leicester C	L	1-5	Clarke	10,969
18		17	(h)	Stoke C	D	0-0		8,679
19		26	(a)	Ipswich T	L	1-3	Clarke (pen)	14,477
20		27	(h)	Everton	W	3-0	Eves, Crainie, Clarke	12,761
21		31	(h)	Norwich C	W	2-0	Troughton, Towner	10,725
22	Jan	2	(a)	Queen's Park R	L	1-2	Dawes (og)	12,875
23		14	(a)	Liverpool	W	1-0	Mardenborough	23,325
24		21	(h)	Luton T	L	1-2	Pender	11,594
25	Feb	4	(h)	Southampton	L	0-1		9,943
26		11	(a)	Birmingham C	D	0-0		14,319
27		18	(h)	Manchester U	D	1-1	Troughton	20,676
28		25	(a)	Aston Villa	L	0-4		18,257
29	Mar	3	(h)	Nottingham F	W	1-0	Hart (og)	10,476
30		10	(a)	West Ham U	D	1-1	McGarvey	18,111
31		17	(h)	Sunderland	D	0-0		9,111
32		24	(a)	Arsenal	L	1-4	McGarvey	18,612
33		31	(a)	Tottenham H	L	0-1		19,296
34	Apr	7	(h)	Notts Co	L	0-1		7,481
35		14	(a)	Coventry C	L	1-2	Livingstone	8,246
36		21	(h)	Ipswich T	L	0-3		6,611
37		23	(a)	Everton	L	0-2		17,185
38		28	(h)	West Brom A	D	0-0		13,208
39	May	1	(a)	Notts Co	L	0-4		5,378
40		5	(a)	Watford	D	0-0		13,534
41		7	(h)	Leicester C	W	1-0	Smith	7,405
42		12	(a)	Stoke C	L	0-4		18,977

FINAL LEAGUE POSITION: 22nd in Division One

Appearances

Sub. Appearances

Goals

40

Burridge	Humphrey	Palmer	Smith	Pender	Dodd	Daniel	Rudge	Eves	Gray	Kellock	Towner	Clarke	Livingstone	Cartwright	Hibbitt	Matthews	Bradshaw	Bennett	Coy	Blair	Mardenborough	Crainie	Wintersgill	Butler	Troughton	Buckland	McGarvey	Watkiss	Bayly	
1	2	3	4	5	6	7	8*	9	10	11	12																			1
1	2	3	4	5	6	11		8	9*	10	12	7																		2
1	2	3	4	5	6	8		9		11*	7	12	10																	3
1	2	3		5	6	8	11	10			7	12	9*	4																4
1	2	3		5	6	8*	4	9	10		11		12	7																5
1	2	3*		5	6		4	9	10		11		8	7	12															6
1	2	3	4	5	6			10			12	8	9*	7		11														7
	2			6	4			10			12	8		9	7	11*	1	3	5											8
	2	10		6	4*	12		9			11	8			7		1	3	5											9
	2	10	4	6		11		9				8			7		1	3	5											10
	2	10*	4	6		11						8			7	12	1	3	5	9										11
	2			6		12		9				8			7		1	3*	5	4	10	11								12
	2		5	6		12						8		9	7		1	3*		4	10	11								13
	2		5	6		3						8		9	7		1			4	10	11								14
	2	12	5	6		3						8		9	7					4	10*	11								15
	2		5	6		3						8		9	7		1			4*	10	11	12							16
	2*		5	6		3						8		9	7		1			4	10	11	12							17
1		3	5	6	2			12				8	9*	7						4	10	11								18
1		3	5	6	2			10			12	8	9							4		11		7						19
1	2	3		5	6			10				7	8							4		11		9						20
1	2	3	5*	6				10				7	8	4								11		12	9					21
1	4	3		6	2			10				7	8	5								11		12	9*					22
1	2	3		5	6	4						7	8								10	11		9						23
1	2	3		5	6	4		10				7	8									11		9						24
1	2	3		5	6	4						7*	8			12					10	11		9						25
1	12		5	6	4							7	8	3							11*	10		9	2					26
1	12		5	6	4			10				7	8	3								11		9	2*					27
1		3	5	6	4			10				7	8									11		9	2					28
1		3	5	6		4						7	8									11		9	2	10				29
1		3	5	6		4						7	8									11		9	2	10				30
1		3	5			4						7	8									11		9	2	10	6			31
1		3		6	4			7					8			12						11		9*	2	10	5			32
1		3	5	6	4			7	8*							12						11		9	2	10				33
1		3	5	6				7			12	4	8									11		9	2*	10				34
1		3	5	6		10					12	8*	9	4	7							11			2					35
1	3*			6		12					10		9		7							11			2	8		4		36
1	3		5	6							11		9		7								8		2	10		4		37
1	2		3	5	6							7		10	8											9		4		38
1	2		3	5	6							7		10*											12	9		4		39
1	2		3	5	6			10*				7			8							12				9		4		40
1			8	5	6			3					10									7			2	9		4		41
1	2		8	5	6			3					10*									7			12	9		4		42
32	28	27	11	34	41	19	15	14	9	3	25	29	11	16	19	2	10	6	5	10	9	27	1	17	13	13	2	7		
		3				4	1				6	2	2		4						1	1	3		2					
		1	1	1			3	2			2	6	1								1	3		2		2				

1984-85

1	Aug	25	(h)	Sheffield U	D	2-2	Dodd, Langley	14,908
2	Sep	1	(a)	Leeds U	L	2-3	Ainscow, Dougherty	17,843
3		4	(h)	Manchester C	W	2-0	Dougherty, McCarthy (og)	13,255
4		8	(h)	Charlton A	W	1-0	Langley	10,587
5		15	(a)	Middlesbrough	D	1-1	Buckland	4,677
6		19	(a)	Oxford U	L	1-3	Langan (og)	11,930
7		22	(h)	Birmingham C	L	0-2		12,698
8		29	(a)	Barnsley	L	1-5	Dodd	5,566
9	Oct	6	(a)	Notts Co	L	2-3	Buckland, Langley	7,676
10		13	(a)	Oldham A	L	2-3	Evans 2	3,727
11		20	(h)	Crystal Palace	W	2-1	Evans, Melrose	6,665
12		27	(a)	Portsmouth	W	1-0	Melrose	15,291
13	Nov	3	(h)	Cardiff C	W	3-0	Buckland, Evans, Pender	7,537
14		10	(a)	Grimsby T	L	1-5	Langley	7,220
15		17	(h)	Wimbledon	D	3-3	Ainscow, Barnes, Butler	7,134
16		24	(a)	Fulham	W	2-1	Buckland, Cartwright	7,049
17	Dec	1	(h)	Brighton & HA	L	0-1		7,464
18		8	(a)	Huddersfield T	L	1-3	Buckland	8,270
19		15	(h)	Blackburn R	L	0-3		7,538
20		22	(a)	Leeds U	L	0-2		9,259
21		26	(a)	Shrewsbury T	L	1-2	Ainscow	9,183
22		29	(a)	Manchester C	L	0-4		22,022
23	Jan	1	(h)	Carlisle U	L	0-2		6,264
24		12	(h)	Middlesbrough	D	0-0		6,152
25		26	(a)	Sheffield U	D	2-2	Butler, Chapman	9,191
26	Feb	2	(h)	Barnsley	L	0-1		6,864
27		23	(a)	Cardiff C	D	0-0		9,694
28	Mar	2	(h)	Portsmouth	D	0-0		7,985
29		5	(h)	Grimsby T	L	0-1		6,127
30		9	(a)	Crystal Palace	D	0-0		5,413
31		12	(a)	Charlton A	L	0-1		3,905
32		16	(h)	Oldham A	L	0-3		5,275
33		23	(a)	Notts Co	L	1-4	Hankin	5,561
34		30	(a)	Birmingham C	L	0-1		10,230
35	Apr	6	(h)	Shrewsbury T	L	0-1		7,258
36		8	(a)	Carlisle U	W	1-0	Evans	4,021
37		13	(h)	Oxford U	L	1-2	Chapman	10,647
38		20	(a)	Wimbledon	D	1-1	Ainscow	3,277
39		27	(h)	Fulham	L	0-4		6,172
40	May	4	(a)	Brighton & HA	L	1-5	O'Reilly (og)	8,581
41		6	(h)	Huddersfield T	W	2-1	Ainscow, Ryan	4,422
42		11	(a)	Blackburn R	L	0-3		9,543

FINAL LEAGUE POSITION: 22nd in Division One

Appearances

Sub. Appearances

Goals

Flowers	Humphrey	Palmer	Dougherty	Pender	Dodd	Ainscow	Evans	Langley	Cartwright	Butler	Ryan	Buckland	Melrose	Sinclair	Crainie	Barnes	Bayly	Barrett	Herbert	Heywood	Chapman Cam.	Coady	Zelem	Eastoe	Chapman Cav.	Biggins	Hankin	Blackwell	King	
1	2	3	4	5	6	7*	8	9	10	11	12																			1
1	2	3	4	5	6	7	8	9	10*	11		12																		2
1	2	3	4	5	6	7	8	9		11		10																		3
1	2	3	4	5	6	7	8	9		11		10																		4
1	2	3	4	5	6	7	8*	9		11		10	12																	5
1	2	3	4	5	6	7	8	9		11		10																		6
1	2		4*	5	6	7	12	8		11		10	9	3																7
1	2	3	12	5	6	4	9	8	7			10			11															8
1	2			5*	6	4		8	7	11		10	9				3	12												9
1	2	5*	12		6	4	8					10	9		11	3	7													10
1	2		12	5	6	4	8					10	9		11*	3	7													11
	2			5	6	12	8		4	11	7	10	9			3		1												12
1	2			5	6	12	8		4	11	7	10	9*			3														13
1	2			5	6	9	8	12	4	11*	7	10				3														14
1	2			5	6	9		8	4	11	7	10				3														15
1	2		12	5	6	8		9	4	11	7	10				3														16
1	2	7*	5		8			9	4	11	12	10				3		6												17
1	2		7	5	11	8		9	4			10				3		6												18
1	2		12	5	6	8		9	4			10				11	3*		7											19
1	2		12	5	4	7	8	9				10				11	3*		6											20
1	2		4	5			8	8	9			10				11	3		6											21
1	2			5		7		9	4	11		10				7*			6	3	12									22
1	2			5	4	7	8	9				10				11*				3	12	6								23
1	2			5		7	8	9		12		10				11		6	3	4										24
1	2		12	5		7		9	8	11		10				3		6	4*											25
1	2			5		7		8	11	9*						3		6	4	12								10		26
1	2					7	8			12						3		6	4*		5	9	10					11		27
1	2					7	10	8								3		6	4		5	9						11		28
1	2		12			7	10	8								3*		6	4		5	9						11		29
1	2	12				7		8								3		6	4		5	9	10					11*		30
1	2					7				8*						3		6	4		5	9	10	12				11		31
	2		12			7							8*	1	6			4	3	5	9	10					11		32
1	2					7		8		12							6		4	3*	5	9		10	11					33
1	2			4		7	12					3					6		11	5	10*		9					8		34
1	2		12	4		7			10*	3					8		6		11	5			9							35
1	2		12	4		7	10			11*							6	3	8	5			9							36
1	2		12	4		7	10			11*							6	3	8	5			9							37
1	2			4		7	10*			9			11				6	3	8	5				12						38
1	2			4		7	10	8				12	11				6	3*		5			9							39
1	2			4		7		8	12				11				6	10*	3	5			9							40
	2			4		7		8*	12					1	6			10	3	5			9							41
	2			4		7	12			10			11		1	6		8*	3	5			9							42
38	42	8	10	34	20	40	20	22	23	17	6	31	6	1	13	23	2	4	25	7	18	6	16	8	1	4	9	8		
				11	2		2	3	1		1	4	4	1				2		2	1					1	1			
				2	1	2	5	5	4	1	2	1	5	2		1			2						1					

43

1985-86

1	Aug	17	(a)	Brentford	L	1-2	N. Edwards	5,576
2		24	(h)	Newport Co	L	1-2	Clarke	6,073
3		26	(a)	Derby Co	L	2-4	N. Edwards, Purdie	13,154
4		31	(h)	York C	W	3-2	Coady, King (pen), N. Edwards	4,400
5	Sep	7	(a)	Bolton W	L	1-4	Morrissey	4,986
6		14	(h)	Swansea C	L	1-5	King	4,064
7		17	(h)	Bristol R	L	3-4	N. Edwards, King 2 (1 pen)	3,244
8		21	(a)	Plymouth A	L	1-3	N. Edwards	5,241
9		28	(h)	Lincoln C	D	1-1	King (pen)	3,351
10	Oct	1	(a)	Bury	L	1-3	King	3,220
11		5	(a)	Rotherham U	W	2-1	N. Edwards 2	4,015
12		12	(h)	Doncaster R	L	1-2	King	4,324
13		19	(h)	Walsall	D	0-0		7,522
14		23	(a)	Reading	D	2-2	Ryan 2	11,500
15		26	(a)	Bristol C	L	0-3		7,138
16	Nov	2	(h)	Darlington	W	2-1	Ryan, Purdie	3,811
17		5	(h)	Blackpool	W	2-1	Crainie, Purdie	3,690
18		9	(a)	Bournemouth	L	2-3	King, Barnes	4,126
19		23	(h)	Gillingham	L	1-3	King	3,543
20		30	(a)	Cardiff C	D	1-1	King	2,453
21	Dec	14	(h)	Wigan A	D	2-2	Ryan, Holmes	2,982
22		21	(a)	Newport Co	L	1-3	Purdie	2,222
23		26	(a)	Notts Co	L	0-4		5,264
24		28	(h)	Derby Co	L	0-4		9,166
25	Jan	1	(h)	Chesterfield	W	1-0	Purdie	3,229
26		11	(a)	York C	L	1-2	Rosario	4,296
27		18	(h)	Brentford	L	1-4	D. Edwards	3,420
28		25	(a)	Swansea C	W	2-0	Streete, Cartwright	4,966
29	Feb	1	(h)	Bolton W	L	0-2		3,110
30		9	(a)	Walsall	D	1-1	Holmes	10,480
31	Mar	8	(a)	Rotherham U	D	0-0		2,838
32		11	(h)	Plymouth A	L	0-3		2,367
33		15	(a)	Doncaster R	W	1-0	Chapman	2,656
34		18	(h)	Bury	D	1-1	Chapman	2,205
35		22	(h)	Bristol C	W	2-1	Mutch, D. Edwards	3,696
36		25	(h)	Bristol R	D	1-1	Mutch	3,378
37		29	(a)	Chesterfield	L	0-3		2,500
38		31	(h)	Notts Co	D	2-2	Mutch, D. Edwards	3,774
39	Apr	2	(a)	Darlington	L	1-2	Mutch	3,887
40		5	(a)	Blackpool	W	1-0	D. Edwards	4,563
41		8	(h)	Reading	L	2-3	D. Edwards, Lockhart	4,482
42		12	(h)	Bournemouth	L	0-3		3,382
43		19	(a)	Gillingham	L	0-2		3,681
44		26	(h)	Cardiff C	W	3-1	Lockhart, Mutch, Holmes	3,353
45	May	3	(a)	Wigan A	L	3-5	Dougherty, Mutch, D. Edwards	4,029
46		5	(a)	Lincoln C	W	3-2	Mutch, Purdie, D. Edwards	2,174

FINAL LEAGUE POSITION: 23rd in Division Three

Appearances

Sub. Appearances

Goals

44

Barrett	Herbert	Barnes	Zelem	Clarke	Chapman	Morrissey	Edwards N	Purdie	King	Crainie	Stoutt	Smith	Flowers	Coady	Dougherty	Ainscow	Cartwright	Hazell	Ryan	Wright	Streete	Wassell	Lomax	North	Edwards D	Holmes	Raynes	Palmer	Whitehead	Rosario	Eli	Mutch	Lockhart	
1	2*	3	4	5	6	7	8	9	10	11	12																							1
1		3	4	5	6	7*	8	9	10	11	2	12																						2
1		3	4	5	6	7*	8	9	10	11	2							12																3
		3*		5		12	8	9	10	11	2		1	4	6	7																		4
		3		5	6*	12	8	9	10	11	2		1	4		7																		5
		3		5		12	8	9*	10	11	2		1	4		7	6																	6
		3	4		7	9		10	11	2		1			6	8	5*	12																7
		3		5		12	9		10	11	4		1		7*	8	6		2															8
	2	3		5		7	9		10*	11	4		1			8	6	12																9
	2	3		5		12	9	7*	10	11	4		1			8	6																	10
1	2	3		5			9	7	10	11						8	6			4														11
1	2	3		5			9	7	10	11*	12					8	6			4														12
1	2	3			12		9*	7	10	11	5					8		6		4														13
1	2	3		5*	12			7	10		6					9		8		4	11													14
1	2	3		5	12			7	10		6					9		8		4	11*													15
1		3			9			7	10	11	5					8		6		4		2												16
1		3		12	9			7	10	11	5					8		6	4*			2												17
1	12	3		4*	9			7	10	11	5					8		6				2												18
	5	3			9*			7	10	11			1			6		8			2	4	12											19
	5	3			11			7	10			1		8				9			2	4		6										20
	5	3			11*		10			8		1	2	12				9			4			6	7									21
	5	3			10		8		11	2		1	4	12				9						6	7*									22
	5	3			10		8*		11			1	4	12				9						6	7	2								23
	5	3			10*				11	6		1	4					9						12	8	7	2							24
	5	3*		4			10		11			1			6			9						12	8	7	2							25
	5			4			10		11			1	2		6										7*	12	3	8	9					26
		5					12		11			1			2			4			10				8*	3	6	9	7					27
	3		5		12		11*			1					6	9		4			10	8			2			7						28
	3		5				11			1					6	9		4			10	8			2			7						29
1	3		5		11		9								6			4			10	8			2			7						30
1		3	5		11		6									4					10	8			2			7	9					31
1		3	5		11		6											12			10	8			2			7	9					32
1		3	5		11		6							12				4			10	8			2			7	9					33
1		3	5		11		6							12				4			10	8			2			7	9					34
1		3	5		11		6											4			10	8			2				9	7				35
		5			11		6											4			10	8			3			2	9	7				36
1	3	5			11		6											4			10	8			12			2	9	7				37
1	3	5			11		6											4			10	8			2				9	7				38
1	3				11		6		5									4			10	8			2				9	7				39
	3				11		6		5	1								4			10	8			2				9	7				40
	3				11		6		5	1											10	8			2				4	9	7			41
	3		12	11*			6		4	1											10							5	9	7				42
	3			11			9		5	1					12	4					10	8			2			6	7	7				43
	3		5				11*		2	1						4					10	8						6	9	7				44
		5	3				7		2	1						4					10								9	11				45
		5	7				11		2	1						4					10								9	3				46
21	19	38	14	21	29	5	13	41	20	23	26		25	8	5	16	13	1	15	1	25	2	5	3	20	26	6	20	2	2	14	16	12	
		1			2	4	5		1				2	1		6			5			3			1	1								
		1		1	2	1	7	6	10	1				1	1		1		4		1				7	3			1	7	2			

45

1986-87

1	Aug	23	(h)	Cambridge U	L 1-2	Zelem (pen)	6,000
2		30	(a)	Aldershot	W 2-1	Lockhart, Mutch	2,963
3	Sep	6	(h)	Cardiff C	L 0-1		5,740
4		13	(a)	Crewe A	D 1-1	Stoutt	2,507
5		15	(a)	Stockport Co	W 2-0	Lockhart, D. Edwards	2,724
6		20	(h)	Burnley	L 0-1		5,786
7		27	(a)	Northampton T	L 1-2	Mutch	5,731
8		30	(h)	Preston NE	W 1-0	Mutch	4,409
9	Oct	5	(a)	Scunthorpe U	W 2-0	D. Edwards, Forman	3,296
10		11	(h)	Tranmere R	W 2-1	Forman, Mutch	5,486
11		18	(a)	Swansea C	L 0-1		5,795
12		21	(h)	Halifax T	L 1-2	Handysides	4,380
13		25	(h)	Orient	W 3-1	Handysides (pen), Stoutt, Mutch	4,358
14		31	(a)	Colchester U	L 0-3		4,741
15	Nov	4	(h)	Rochdale	D 0-0		3,949
16		8	(a)	Torquay U	W 2-1	Forman, Purdie	2,810
17		22	(h)	Wrexham	L 0-3		5,252
18		29	(a)	Lincoln C	L 0-3		2,277
19	Dec	13	(a)	Hartlepool U	W 1-0	Bull	1,689
20		20	(h)	Southend U	L 1-2	Bull	4,129
21		26	(a)	Hereford U	L 0-2		5,828
22		27	(h)	Exeter C	D 2-2	Bull, Thompson	4,626
23	Jan	1	(h)	Peterborough U	L 0-3		4,399
24		3	(a)	Wrexham	D 0-0		4,689
25		10	(a)	Cambridge U	D 0-0		2,758
26		24	(a)	Cardiff C	W 2-0	Thompson (pen), Bull	3,331
27		31	(h)	Crewe A	L 2-3	Thompson (pen), Holmes	3,759
28	Feb	7	(h)	Stockport Co	W 3-1	Thompson (pen), Holmes, Bull	3,238
29		14	(a)	Burnley	W 5-2	Holmes, Mutch, Thompson, Purdie, Barnes	2,904
30		17	(h)	Aldershot	W 3-0	Mutch 2, Holmes	3,357
31		21	(h)	Northampton T	D 1-1	Holmes	9,991
32		28	(a)	Preston NE	D 2-2	Stoutt, Holmes	12,592
33	Mar	3	(h)	Colchester U	W 2-0	Holmes, Bull	5,715
34		7	(a)	Orient	L 1-3	Bull	4,605
35		14	(h)	Swansea C	W 4-0	Holmes, Thompson (pen), Purdie, Mutch	7,695
36		17	(h)	Halifax T	W 4-3	Stoutt, Mutch 2, Thompson	2,079
37		21	(a)	Tranmere R	W 1-0	Dennison	3,665
38		28	(a)	Scunthorpe U	W 1-0	Bull	7,348
39	Apr	4	(h)	Torquay U	W 1-0	Dennison	6,109
40		11	(a)	Rochdale	W 3-0	Dennison, Purdie, Kelly	3,812
41		18	(a)	Peterborough U	W 1-0	Bull	9,360
42		20	(h)	Hereford U	W 1-0	Purdie	10,730
43		24	(a)	Southend U	L 0-1		10,369
44	May	2	(h)	Lincoln C	W 3-0	Bull 2, Barnes	7,285
45		4	(a)	Exeter C	W 3-1	Bull, Forman, Kelly	4,915
46		9	(h)	Hartlepool U	W 4-1	Bull 3, Thompson (pen)	8,610

FINAL LEAGUE POSITION: 4th in Division Four

Appearances

Sub. Appearances

Goals

Bartram	Oldroyd	Barnes	Streete	Zelem	Hellin	Forman	Holmes	Mutch	Edwards N	Purdie	Nixon	Clarke	Eli	Stoutt	Lockhart	Ryan	Edwards D	Robertson	Handysides	Palmer	Thompson	Bull	Barrett	Powell	Dougherty	Brindley	Kendall	Caswell	Kelly	Dennison	
1	2	3	4	5	6	7	8	9	10	11																					1
	2		4*	5			8	9		11	1	3	12	6	7	10															2
	2	3	4	5			8	9*		11	1		12	6	7	10															3
	2	3	4	5				9		11	1		8	6	7	10															4
	2	3	4	5				9		11	1	12	8*	6	7	10															5
	2		4	5			12	9		11	1	3		8	7	10	6*														6
	2*	3	4	5			12	9			1			8	7	11	6	10													7
			4	5			8	9	12		1	3			7	11	6	10	2*												8
			4			5	8	9		7	1		2	3		11	6	10													9
		3	4			5	8	9			1		2	7		11	6	10													10
			4			5	8	9	12	1		3	2	7		11	6*	10													11
		3	4	6		5	8	9	11	12	1		2	7*				10													12
	2		4	6		5	8	9	11	7	1		3					10													13
	2		4	6		5	8	9	11	7	1		3		11			10													14
		12	4	6		5	8*	9	11	7	1		3			11	2	10													15
			4	6		5	8	9*	11	7	1		3	12			2	10													16
		3	4			5		9			1		2	11	12		6	10	7*	8											17
		3		6		5*		12		7		4	2						8	9	1	10	11								18
		3		5*			12	10		7		6	2						8	9	1	4	11								19
	2	3						10		7		6	5						8	9	1	4	11								20
		3	4				12	10		7			2						8	9	1	6	11*	5							21
		3					11	10*	12	7		6	2						8	9	1	4		5							22
							11		10	12	7	3	2				6		8*	9		4		5	1						23
		3					11		10	8	7	5	2				6			9		4			1						24
		3					11		10	8	7	5	2				6		12	9		4*			1						25
		3	4						10	7		5	2				6		11	9				1	8						26
			4				11	12	10	8		3	2				6*		7	9				5	1						27
							11	10	8	7		3	2				6		4	9				5	1						28
		3					12	11	10	8*	7		5	2			6		4	9					1						29
		3	12				8	11	10		7*		5	2			6		4	9					1						30
		3	8					11	10		7		5	2			6		4	9					1						31
			4				8	11	10		7			2			6		3	9				5	1						32
			4				8	11	10	7*			2				6		3	9				5	1		12				33
		3	4					11	10			5	2				6		8	9				5	1		7				34
		3						11	10	12		5	2				6		7	9				1		4	8*				35
		3						11	10			5	2				6		7	9				1		4	8				36
			12					11	10	7*		5	2				6		3	9				1		4	8				37
			4					11	10	7		5*	2				6		3	9	12			1		6	8				38
			4			7	11	10*		12			2				6		3	9				1		5	8				39
			4				10	11				7	2				6		3	9*	12			1		5	8				40
			4				10	11				7	2				6		3	9				1		5	8				41
			4				10*	11				7	2				6		3	9	12			1		5	8				42
			4					11				7	2				6		3	9	10			1		5	8				43
		12	4					11				7	2				6		3	9	10*			1		5	8				44
		3	4			8	11	12		7*			2				6			10	9			1		5					45
		3	4			8	11	12		7		6	2*							10	9			1		5					46
1	10	24	33	15	1	24	32	38	12	34	16	23	2	44	12	2	8	31	11	1	28	30	5	10	4	7	24	1	13	10	
		2	2				1	5	3	3	4		1	2			1	1			1			3					1		
		2			1		4	8	11		5			4	2			2			8	15							2	3	

47

1987-88

1	Aug	15	(a)	Scarborough	D	2-2	Bull, Stoutt	7,314
2		22	(h)	Halifax T	L	0-1		7,223
3		29	(a)	Hereford U	W	2-1	Bull, Mutch	2,628
4		31	(h)	Scunthorpe U	W	4-1	Bull 2, Mutch 2	6,672
5	Sep	5	(a)	Cardiff C	L	2-3	Vaughan, Bull	2,258
6		12	(h)	Crewe A	D	2-2	Bull, Gallagher	6,285
7		16	(a)	Peterborough U	D	1-1	Bull	3,089
8		19	(a)	Stockport Co	W	2-0	Robinson, Mutch	2,233
9		26	(h)	Torquay U	L	1-2	Bull	7,349
10		29	(h)	Rochdale	W	2-0	Mutch, Bull	5,553
11	Oct	3	(a)	Bolton W	L	0-1		3,833
12		10	(a)	Carlisle U	W	1-0	Bull	2,620
13		17	(h)	Tranmere R	W	3-0	Mutch, Vaughan, Bull	6,608
14		20	(h)	Cambridge U	W	3-0	Mutch, Bull, Vaughan	6,492
15		24	(a)	Darlington	D	2-2	Mutch 2	2,282
16		31	(h)	Newport Co	W	2-1	Vaughan, Mutch	6,467
17	Nov	3	(a)	Swansea C	W	2-1	Bull, Gallagher	5,293
18		7	(h)	Burnley	W	3-0	Downing, Gallagher, Vaughan	10,002
19	.	21	(a)	Colchester U	W	1-0	Thompson (pen)	2,413
20		28	(h)	Wrexham	L	0-2		8,541
21	Dec	12	(a)	Hartlepool U	D	0-0		2,760
22		19	(h)	Leyton Orient	W	2-0	Bull 2	12,051
23		28	(h)	Exeter C	W	3-0	Mutch, Dennison, Thompson (pen)	15,588
24	Jan	1	(h)	Hereford U	W	2-0	Bull 2	14,577
25		2	(a)	Crewe A	W	2-0	Mutch 2	4,629
26		16	(h)	Stockport Co	D	1-1	Vaughan	8,872
27		30	(a)	Scunthorpe U	W	1-0	Mutch	5,476
28	Feb	6	(h)	Cardiff C	L	1-4	Bull	10,077
29		13	(a)	Exeter C	W	4-2	Bull 3, Purdie	3,483
30		16	(a)	Halifax T	L	1-2	Bellamy	2,281
31		19	(h)	Scarborough	D	0-0		11,391
32		23	(a)	Torquay U	D	0-0		3,803
33		27	(h)	Bolton W	W	4-0	Bull 2, Dennison, Robinson	12,430
34	Mar	1	(a)	Rochdale	W	1-0	Holmes	2,805
35		4	(a)	Tranmere R	L	0-3		5,007
36		12	(h)	Carlisle U	W	3-1	Bellamy, Clarke (og), Mutch	9,262
37		22	(h)	Peterborough U	L	0-1		8,049
38		26	(h)	Darlington	W	5-3	Robinson, Bull 3, Chard	9,349
39	Apr	2	(a)	Burnley	W	3-0	Holmes, Bull, Mutch	10,341
40		4	(h)	Colchester U	W	2-0	Bull 2	13,443
41		10	(a)	Cambridge U	D	1-1	Mutch	5,017
42		23	(h)	Swansea C	W	2-0	Robinson, Bull	12,344
43		26	(a)	Newport Co	W	3-1	Bull 2, Mutch	3,409
44		30	(a)	Wrexham	L	2-4	Chard, Mutch	6,898
45	May	2	(h)	Hartlepool U	W	2-0	Bull 2	17,895
46		7	(a)	Leyton Orient	W	2-0	Dennison, Robinson	7,738

FIANL LEAGUE POSITION: 1st in Division Four Appearances

Sub. Appearances

Goals

48

Kendall	Stoutt	Barnes	Streete	Robertson	Robinson	Thompson	Dennison	Bull	Mutch	Holmes	Downing	Clarke	Gallagher	Vaughan	Bellamy	Purdie	Powell	Edwards	McDonald	Venus	Chard	
1	2	3	4	5	6	7	8*	9	10	11	12											1
1	2		4	5	6	8	7	9	10*		11	3	12									2
1	2		4	5	6	8	7	9	10		11	3										3
1	2		4	5	6	8	7	9	10		11	3*	12									4
1	2		4	5	6	7	8*	9	10	11†	3	12	14									5
1	14		4	5†	6	3	7	9	10*			12	8	2	11							6
1	2		4		6	3	7	9	10				8	5	11							7
1			4	5	6	3	7	9	10				8	2	11							8
1			4	5	6	3	7	9	10			12	8	2	11*							9
1			4	5	6	3	7*	9	10		12		8	2	11							10
1			4	5	6	3	7	9	10*			12	8	2	11							11
1			4	5	6	3	7*	9	10	11		12	8	2								12
1			4	5	6	3	7	9	10*	11		12	8	2								13
1	2		4	5	6*	3	7	9	10	11		12	8									14
1	2		4	5		3	7	9	10	6	11		8									15
1	2		4	5		3	7		10	6*		9	8			12	11					16
1	2		4	5		3	7	9	10		11		6	8								17
1	2		4	5		3	7	9	10		11		6	8								18
1	2		4		12	3	7	9	10		11*	5	6	8								19
1	2	4*	5	6	3	7†	9	10	14			12	11	8								20
1	2		4	5	6	3	7		10		11		9	8								21
1	2		4	5	6	3	7	9	10		11			8								22
1	2		4		6	3	7	9	10		11	5		8								23
1	2		4	5	6	3	7	9	10		11			8								24
1	2		4	5	6	3	7	9	10		11			8								25
1	2†		4	5	6	3	7	9	10	14	11*		12	8								26
1			4	5	6	3	7	9	10		11			8	2							27
1				5	6	3	7	9	10		11	4		8	2							28
1			4	5	6	3	7	9*	10		11			8	2	12						29
1			4	5	6	3		9	10	14	11		12	8	2†	7*						30
1			4	5	6	2	7	9	10		11*		12	8			3					31
1			4	5	6	2	7	9	10	11				8			3					32
1			4	5	6	2	7	9	10	11	12			8*			3					33
1			4	5*	6	2	7	9	10	11	12			8			3					34
1			4		6	2*	7	9	10	11	12			8	5		3					35
1			4	5	6		7	9	10	11				8	2		3					36
1	2			5	6		7	9	10	11†	12		14	8*	4			3				37
1			4	5	6		7	9	10	11				2				3	8			38
1			4	5	6	12	7*	9	10	11				2				3	8			39
1			4	5	6*		7	9	10	11			12	2				3	8			40
1			4	5		3		9	10	11	6		7	2					8			41
1			4	5	6	3	7†	9	10	12	8*			2	14				11			42
1	5		4		6	3		9	10	7	11			2					8			43
1			4	5	6*	3	7	9	10	11	12			2					8			44
1			4	5	6	3	7	9	10		11			2					8			45
1			4	5	6*	3	11	9	10	7	8†		14	2					12			46
46	21	1	44	41	40	41	43	44	46	16	27	7	6	33	24	7		1	6	4	8	
	1			1	1			4	7	1	13	3		2	1			1				
	1				5	2	3	34	19	2	1		3	6	2	1		2				

49

1988-89

#	Month	Date	H/A	Opponent	Result	Score	Scorers	Attendance
1	Aug	27	(a)	Bury	L	1-3	Streete	4,314
2	Sep	3	(h)	Reading	W	2-1	Dennison, Chard (pen)	10,513
3		10	(a)	Chesterfield	W	3-0	Dennison, Robinson, Chard	4,217
4		17	(h)	Notts Co	D	0-0		10,870
5		20	(h)	Aldershot	W	1-0	Bull	8,991
6		24	(a)	Swansea C	W	5-2	Dennison, Robinson, Bull 2, Chard	5,240
7	Oct	1	(h)	Port Vale	D	3-3	Bull 2, Thompson (pen)	14,108
8		5	(a)	Fulham	D	2-2	Mutch, Gooding	4,828
9		8	(a)	Sheffield U	L	0-2		14,272
10		15	(h)	Wigan A	W	2-1	Gallagher, Bull	10,320
11		22	(a)	Bolton W	W	2-1	Dennison, Bull	8,174
12		25	(h)	Blackpool	W	2-1	Mutch 2	12,104
13		29	(a)	Gillingham	W	3-1	Mutch, Robinson, Bull	5,288
14	Nov	5	(h)	Southend U	W	3-0	Streete, Downing, Bull	10,432
15		8	(a)	Bristol C	W	1-0	Mutch	11,336
16		12	(h)	Huddersfield T	W	4-1	Mutch, Streete, Bull 2	12,697
17		26	(h)	Preston NE	W	6-0	Bull 4, Mutch, Vaughan	13,180
18	Dec	4	(a)	Northampton T	L	1-3	Dennison	6,494
19		17	(h)	Mansfield T	W	6-2	Bull 3, Mutch, Gooding, Thompson	12,134
20		26	(a)	Bristol R	D	0-0		8,480
21		31	(a)	Brentford	D	2-2	Mutch, Bull	8,020
22	Jan	2	(h)	Chester C	W	3-1	Gooding, Bull, Mutch	21,901
23		10	(h)	Cardiff C	W	2-0	Mutch, Bull	14,870
24		14	(a)	Reading	W	2-0	Mutch 2	9,353
25		21	(h)	Chesterfield	W	1-0	Vaughan	15,049
26		29	(a)	Notts Co	D	1-1	Mutch	9,058
27	Feb	4	(a)	Port Vale	D	0-0		16,362
28		11	(h)	Fulham	W	5-2	Bull 3, Thomas (og), Thompson (pen)	15,621
29		28	(a)	Blackpool	W	2-0	Bull, Vaughan	6,482
30	Mar	4	(h)	Bolton W	W	1-0	Bull	13,516
31		10	(a)	Southend U	L	1-3	Streete	5,924
32		14	(h)	Gillingham	W	6-1	Thompson (pen), Dennison, Steele, Mutch 2, Bull	12,574
33		18	(h)	Bury	W	4-0	Bull 3, Mutch	14,828
34		25	(a)	Chester C	D	1-1	Mutch	8,236
35		27	(h)	Bristol R	L	0-1		20,913
36	Apr	1	(a)	Mansfield T	L	1-3	Bull	9,205
37		4	(a)	Cardiff C	D	1-1	Thompson (pen)	7,219
38		8	(h)	Brentford	W	2-0	Streete, Bull	14,196
39		15	(a)	Aldershot	W	2-1	Bull, Dennison	5,465
40		22	(h)	Swansea C	D	1-1	Vaughan	13,921
41		29	(a)	Huddersfield T	D	0-0		8,757
42	May	1	(h)	Bristol C	W	2-0	Bull 2	17,351
43		6	(h)	Northampton T	W	3-2	Bull, Thompson (pen), Mutch	15,259
44		9	(h)	Sheffield U	D	2-2	Bull, Dennison	24,321
45		13	(a)	Preston NE	D	3-3	Mutch 2, Bellamy	14,126
46		16	(a)	Wigan A	D	1-1	Gooding	5,531

FINAL LEAGUE POSITION: 1st in Division Three

Appearances

Sub. Appearances

Goals

50

Kendall	Bellamy	Thompson	Streete	Robertson	Robinson	Chard	Vaughan	Bull	Mutch	Dennison	Venus	Clarke	Gooding	Gallagher	Downing	Bennett	Kelly	Steele	Stowell	Hansbury	
1	2	3	4	5	6	7	8	9	10	11											1
1	2	3	4	5	6	7	8	9	10	11											2
1	2	3	4	5	6	7	8	9	10	11*			12								3
1	2	3	4*	5	6	7	8	9	10	11	12										4
1	2	3		5	6	8		9	10	11		4	7								5
1	2	3			6	8		9	10	11	4	5	7								6
1	2	3		5	6	8		9	10	11		4	7								7
1	2	3		5*	6	8		9	10	11	12	4	7								8
1	2	3			6	8*		9	10	11	5	4	7	12							9
1	2	3	4		6	8		9	10	11	5		7								10
1	2	3	4*		6	8		9	10	11	5		7	12							11
1	2	3		4	6	8*		9	10	11	5		7	12							12
1	2	3		4	6			9	10	11	5		7	8							13
1	2	7	4†	5*	6			9	10	11	3		12	8	14						14
1	2	7	4	5	6			9	10	11	3			8							15
1	2	7	4	5	6			9	10	11	3			8							16
1	2	7	4	5		6†	9		10	11	3		12	8*	14						17
1	2	7*	4	5	6			9	10	11	3	12		8							18
1	2	7	4	5*	6		14	9	10	11†	3		8	12							19
1	2	7	4		6			9	10		3	5	8	11							20
1	2	7	4		6*		12	9	10		3	5	8	11							21
1	2	7	4	5			6	9	10		3		8	11							22
1	2	7	4	5			6	9	10	12	3		8†	11*	14						23
1	2	7	4	5			6	9	10	12	3		8*	11							24
1	2	7	4	5			6	9	10	11	3		8								25
1	2	7	4				6	9	10	11	3		8	5							26
1	2	7	4				6	9	10	11	3		8	5							27
1	2	7	4		12		6*	9	10†	11	3		8	5	14						28
1	2	7	4				6	9	10	11	3		8	5							29
1	2	7	4				6	9	10	11*	3		8	5		12					30
1	2	7*	4			12	6	9	10	11†	3		8	5		14					31
1	2	7	4		12	3†	6	9	10	11	14	8*		5							32
	2	7	4		14		6*	9	10	11†	3		8	12		5	1				33
	2	7	4				6	9	10	11	3		8			5	1				34
	2	7	4				6	9	10	11	3	8*		12		5	1				35
	2	7	4	3	8*		6	9	10	11	14			12		5†	1				36
	2		4	5	8*		6	9	10	11	3			12		7	1				37
	2		4	5		14	12	6	9	10*	11	3			8†		7	1			38
	2			5	14	12	6†	9		11*	3	4	7			1					39
	2	3	4	5			6	9	10	11		8*		7		12	1				40
	2	3	4	5	14	12	6	9	10	11		8*	7†				1				41
	2	3	4	5			6	9	10	11		8	7				1				42
1	2	3	4	5	14	12	6†	9	10	11		8*	7								43
1	2	3	4	5			6	9	10	11		7	8								44
1	2	3	4	5			6	9	10	11		7	8								45
1	2	3	4	5	8	9	6*		11	10	7			12							46
36	43	46	38	30	23	14	30	45	45	41	31	8	30	4	25		7	7	3		
					7	5	2			2	4		1	4	7	2	2	4			
	1	6	5		3	3	4	37	21	8		4	1	1		1					

51

1989-90

1	Aug	19	(a)	Middlesbrough	L	2-4	Mutch, Thompson (pen)	21,727
2		26	(h)	Bradford C	D	1-1	Bull	13,784
3	Sep	3	(a)	Swindon T	L	1-3	Thompson (pen)	10,312
4		9	(h)	Stoke C	D	0-0		15659
5		12	(h)	Brighton & HA	L	2-4	Bull, Mutch	12,338
6		16	(a)	Ipswich T	W	3-1	Mutch 2, Bellamy	14,506
7		23	(h)	Plymouth A	W	1-0	Paskin	13,762
8		26	(a)	Barnsley	D	2-2	Bull 2	10,161
9		30	(h)	Portsmouth	W	5-0	Dennison 2, Venus, Bull 2	13,677
10	Oct	7	(a)	Sheffield U	L	1-2	Hill (og)	19,328
11		15	(a)	West Brom A	W	2-1	Dennison, Bull	21,316
12		17	(h)	Port Vale	W	2-0	Mutch, Bull	18,123
13		21	(a)	Leeds U	L	0-1		28,204
14		28	(h)	Oldham A	D	1-1	Thompson (pen)	15,278
15	Nov	1	(a)	Leicester C	D	0-0		16,551
16		4	(h)	West Ham U	W	1-0	Bull	22,231
17		11	(a)	Sunderland	D	1-1	Mutch	20,660
18		18	(h)	Blackburn R	L	1-2	Paskin	14,695
19		25	(a)	Watford	L	1-3	Mutch	12,736
20	Dec	2	(h)	Middlesbrough	W	2-0	Cook, Thompson (pen)	12,357
21		9	(a)	Brighton & HA	D	1-1	Dennison	9,817
22		16	(a)	Oxford U	D	2-2	Venus, Dennison	7,825
23		26	(h)	Hull C	L	1-2	Bull	19,524
24		30	(h)	Bournemouth	W	3-1	Downing, Dennison, Mutch	15,421
25	Jan	1	(a)	Newcastle U	W	4-1	Bull 4	22,054
26		13	(a)	Bradford C	D	1-1	Bull	10,680
27		20	(h)	Swindon T	W	2-1	McLoughlin 2	17,210
28	Feb	3	(a)	Plymouth A	W	1-0	Mutch	10,873
29		10	(h)	Ipswich T	W	2-1	Bull, Linighan (og)	18,781
30		17	(a)	Stoke C	L	0-2		17,870
31		24	(h)	Watford	D	1-1	Bull	16,187
32	Mar	3	(a)	Blackburn R	W	3-2	McLoughlin 2, Downing	12,054
33		6	(a)	Portsmouth	W	3-1	Bellamy, Fillery (og), Bull	12,284
34		10	(h)	Barnsley	D	1-1	Bull	15,995
35		17	(a)	Sheffield U	L	0-3		18,735
36		20	(h)	West Brom A	W	2-1	Cook, Bull	24,475
37		24	(a)	Port Vale	L	1-3	Mutch	12,509
38		31	(h)	Leeds U	W	1-0	Mutch	22,419
39	Apr	3	(a)	Bournemouth	D	1-1	Bellamy	7,448
40		10	(h)	Leicester C	W	5-0	Bull 3, Dennison 2	18,175
41		14	(a)	Newcastle U	L	0-1		19,507
42		16	(a)	Hull C	L	0-2		7,851
43		21	(h)	Oxford U	W	2-0	Downing, Bull	13,556
44		28	(h)	Sunderland	L	0-1		19,463
45	May	3	(a)	Oldham A	D	1-1	Steele	17,468
46		5	(h)	West Ham U	L	0-4		22,509

FINAL LEAGUE POSITION: 10th in Division Two   Appearances

Sub. Appearances

Goals

52

Lange	Bellamy	Venus	Robertson	Westley	Vaughan	Thompson	Gooding	Bull	Mutch	Dennison	Downing	Chard	Steele	Paskin	McLoughlin	Kendall	Streete	Bennett	Clarke	Cook	Jones				
1	2*	3	4	5	6	7	8	9	10	11	12														1
1		3	4	5	6	7	8	9	10	11	2*	12													2
1		3	4	5	6*	7	8	9	10	11		2	12												3
1		3	4	5	6	7	8	9	10	11		2*		12											4
1	2	3	4	5	6	7	8*	9	10	11†				12	14										5
	2	3		5	6		8		10	11				9		1	4	7							6
	2	3			6		8	9	10†	11*	12			14		1	4	7	5						7
	2	3			6		8	9		11				10		1	4	7	5						8
	2	3		4	6		8*	9		11	12	14		10		1		7	5†						9
	2	3		4	6		8	9	10	11		7				1	5								10
	2	3		5	6*	7	8	9	10	11	12					1	4								11
		3		5	6	7		9	10	11	8	4				1	2								12
		4	3	5	14	7*	8†	9	10	11	6			12		1	2								13
		4	3	5		7	8	9	10	11	6					1	2								14
		4	3	5		7		9	10	11	6					1	2	8							15
		4	3	5		7		9	10	11	6					1	2	8							16
		4	3	5	8	7		9	10	11	6					1	2								17
		4	3	5	12	7			10	11	6*		9	14	1		2†	8							18
		4	3	5	2	7			10	11			9	14	1	6†		8*	12						19
		4	3	5	2	7			10*	11			9	12	1	6		8							20
		4	3	5	2	7		9	10	11					1	6		8							21
		4	3	5	2	7		9	10	11					1	6		8							22
		4	3	5	2*	7†		9	10	11	12			14	1	6		8							23
		4	3					9	10	11	5			7	1	6	2	8							24
		4	3					9	10	11†	5*			7	14	1	6	2	8	12					25
		4	3					9	10	11	5				12	1	6	2	8*	7					26
		4	3					9	10*	11	5				12	1	6	2	8	7					27
			3		4		12	9	10	11	5*				1		6	2	8	7					28
			3		4			9	10	11	5				1		6	2	8	7					29
			3		4			9	10	11	5				12	1	6	2	8	7*					30
		6	3		4		2	9		11	5		7		10	1			8						31
		6	3		4		2	9		11	5*		7		10	1			8	12					32
		6	3		4		2	9		11	5		7		10	1			8						33
		6	3		4		2	9	12	11		7*			10	1			8	5					34
		6	3		4		14	9	12	11	5				10†	1		2	8	7*					35
		6	3		4		5	9	10	11			7			1	2		8						36
		6	3		4		5	9	10	11			7			1	2		8						37
		6	3		4			9	10*	11	5		7		12	1	2		8						38
		6	3		4			9	10	11	5		7			1	2		8						39
		6			4	8	3	9	10	11	5*		7			1	2			12					40
		6	4			8	3	9	10	11			7		14	1		2†	5*	12					41
		6			4	5	3	9	10*	11			7		12	1		2	8						42
		6	4			5	3	9		11	8		7	12	10*	1		2							43
		6	4			5	3	9		11	8		7	12	10*	1		2							44
		6	4	5			3	9		11*	8	12	10		1		2	7							45
		6	4	5			3	9		11	8†		10	14	1		2	7*	12						46
5	39	44	5	37	23	31	13	42	35	46	26	4	13	10	7	41	17	30	3	28	7				
					2	2			2			5	2	2	7	12				6					
	3	2					4		24	11	8	3		1	2	4			2						

53

1990-91

#	Month	Date	H/A	Opponent	Result	Score	Scorers	Attendance
1	Aug	25	(h)	Oldham A	L	2-3	Bull 2	20,864
2		28	(a)	Port Vale	W	2-1	Bellamy, Bull	12,349
3	Sep	1	(a)	Brighton & HA	D	1-1	Cook	9,820
4		8	(h)	Bristol R	D	1-1	Dennison	17,912
5		15	(a)	West Ham U	D	1-1	Bull	23,241
6		18	(a)	Swindon T	L	0-1		12,228
7		22	(h)	Plymouth A	W	3-1	Bull 2, Mutch	15,137
8		29	(a)	Oxford U	D	1-1	Dennison	7,418
9	Oct	2	(h)	Charlton A	W	3-0	Bull 2, Thompson	14,363
10		6	(h)	Bristol C	W	4-0	Thompson, Bull 3	17,891
11		13	(a)	Notts Co	D	1-1	Westley	12,833
12		20	(a)	Hull C	W	2-1	Bull, Dennison	7,144
13		23	(h)	Middlesbrough	W	1-0	Bull	17,285
14		27	(h)	Blackburn R	L	2-3	Cook, Steele	17,776
15	Nov	3	(a)	Portsmouth	D	0-0		14,574
16		10	(h)	Newcastle U	W	2-1	Steele, Bellamy	18,721
17		17	(a)	Leicester C	L	0-1		16,574
18		24	(a)	Barnsley	D	1-1	Cook	9,267
19	Dec	1	(h)	Ipswich T	D	2-2	Bull 2	15,803
20		15	(a)	Oldham A	L	1-4	Thompson	11,587
21		22	(h)	Millwall	W	4-1	Bellamy, Bull, Taylor 2	14,504
22		26	(a)	Sheffield W	D	2-2	Cook, Bull	29,686
23		29	(a)	West Brom A	D	1-1	Hindmarch	28,497
24	Jan	1	(h)	Watford	D	0-0		18,159
25		12	(h)	Brighton & HA	L	2-3	Bull, Mutch	12,788
26		19	(a)	Bristol R	D	1-1	Twentyman (og)	6,042
27	Feb	2	(h)	West Ham U	W	2-1	Birch, Bull	19,454
28		23	(a)	Newcastle U	D	0-0		18,612
29		26	(h)	Port Vale	W	3-1	Bull 2, Mutch	15,919
30	Mar	2	(a)	Ipswich T	D	0-0		13,350
31		5	(h)	Leicester C	W	2-1	Bull, Mutch	15,707
32		9	(h)	Barnsley	L	0-5		15,671
33		12	(a)	Charlton A	L	0-1		6,853
34		16	(h)	Oxford U	D	3-3	Bull 3	11,357
35		19	(h)	Notts Co	L	0-2		12,375
36		23	(a)	Bristol C	D	1-1	Dennison	15,499
37		30	(h)	Sheffield W	W	3-2	Mutch 2, Bull	18,011
38	Apr	3	(a)	Millwall	L	1-2	Cook	13,780
39		6	(h)	West Brom A	D	2-2	Dennison, Mutch	22,982
40		9	(a)	Plymouth A	L	0-1		7,618
41		13	(h)	Watford	L	1-3	Cook (pen)	12,014
42		16	(h)	Swindon T	L	1-2	Hindmarch	9,799
43		20	(h)	Hull C	D	0-0		9,313
44		27	(a)	Middlesbrough	L	0-2		16,447
45	May	4	(a)	Blackburn R	D	1-1	Paskin	9,560
46		11	(h)	Portsmouth	W	3-1	Birch, Mutch, Downing	12,570

FINAL LEAGUE POSITION: 12th in Division Two

Appearances

Sub. Appearances

Goals

54

Stowell	Roberts	Venus	Bellamy	Hindmarch	Downing	Thompson	Cook	Bull	Mutch	Dennison	Paskin	McLoughlin	Ashley	Steele	Westley	Bennett	Jones	Stancliffe	Taylor	Blake	Birch	Clarke	Todd	Burke	Lange	Bartram	
1	2	3	4	5	6	7	8	9	10	11																	1
1	2	3	4	5	6	7	8	9	10	11																	2
1	2	3	4	5	6	7	8	9*	10	11	12																3
1	2	3	4	5	6	7	8	9	10	11																	4
1	2†	3	4	5	6	7	8	9	10	11*		12	14														5
1		3	4	5	6	7	8	9	10	11		2															6
1			4	5	6	7	8	9	10	11*	12	2	3														7
1			4	5	6	7	8	9		11		2	3	10													8
1			4	5	6	7	8	9		11	12	2	3*	10													9
1			4	5	6	7	8	9		11	12	2†	3*	10	14												10
1			4	5	6	7†	8	9		11	12	2	3*	10		14											11
1	7		4	5	6		8	9		11		2	3	10													12
1	7		4	5	6	12	8	9		11*		10	2	3													13
1			4	5	6	7	8	9		11	12	10*	2	3													14
1			4	5	6	7	8	9		11	10		2	3													15
1			4		6	7	8	9		11	10		2	3			5										16
1			4		6	7	8	9		11	10*		2	3			5	12									17
1			4		6	7	8	9		11	10		2	3			5										18
1	2		4			3	8	9		11	12			7*		6	5	10									19
1	2		4	10	6	3	8	9		11*				7			5	12									20
1			4	5	6	3	8	9		11	7					2		10									21
1			4	5	6	3	8	9		11	7*		12			2		10									22
1	14		4	5	6	3	8*	9		11	7†	2	12					10									23
1	2		4	5		3		9		11	12			7		8	6	10*									24
1	2		4				6	8	9	10	11		3*	7		12	5										25
1	2		4			3	8	9	10	11				6			5		7								26
1				4		3	8	9	10	11*		12		2			5		6	7							27
1				4		3	8	9	10	11		6		2			5			7							28
1				4	6*	3	8	9	10	11				2			5		7	12							29
1				4		3	8*	9	10	11		6		2			5	12	7								30
1				4		3	8	9	10	11		6		2			5		7								31
1	11			4		3	8*	9	10			6		2			5†	12	7	14							32
1	3			4			8	9	10	11*		6		2			5	12†	7	14							33
1				4		3	8	9	10			12		2			5		7		6	11*					34
1	2			4	11	3	8	9	10			12					5		7		6*						35
1				4	6	3	8	9	10	11				2					7	5							36
1				4	6	3	8	9	10	11				2					7	5							37
1				4	6	3	8	9	10	11*		12		2					7	5							38
1†	14			4	6	3		9	10	11			8*	2					7	5	12						39
	6*			4		3		9	10	11				2					7	5	8	12	1				40
	14			4		3†	8	9	10	11				2*			12		7	5	6		1				41
				4		3	8	9*	10	11				2			12		7	5	6		1				42
				4		3	8	9*	10					2			11		7	5	6	12	1				43
	5			4	6	3	8†		10	11	9*			2					7	14		12	1				44
	14			4	6	3			10	11	9			2†			12		7	5		8*	1				45
				4†	6	3	8		10	14	9*			2			12		7	5		11	1				46
39	17	6	26	40	31	43	42	43	29	41	10	2	15	22	5	24		17	6	2	20	10	6	3	3	4	
	4					1				1	5	4	1	6		2	1		9		4	1	3				
			3	2	1	3	6	26	8	5	1			2	1				2	2							

55

1991-92

1	Aug	17	(a)	Watford	W	2-0	Mutch, Bull	13,547
2		24	(h)	Charlton A	D	1-1	Bull	16,309
3		31	(a)	Brighton & HA	D	3-3	Mutch 2, Bull	10,621
4	Sep	3	(h)	Port Vale	L	0-2		16,115
5		7	(h)	Oxford U	W	3-1	Dennison, Bull, Steele	12,549
6		14	(a)	Newcastle U	W	2-1	Steele, Bull	20,195
7		17	(a)	Cambridge U	L	1-2	Bull	6,552
8		21	(h)	Swindon T	W	2-1	Steele, Bull	15,219
9		28	(a)	Southend U	W	2-0	Birch, Ashley	8,368
10	Oct	5	(h)	Barnsley	L	1-2	Cook	14,082
11		12	(a)	Middlesbrough	D	0-0		15,253
12		19	(a)	Leicester C	L	0-3		14,428
13		26	(h)	Tranmere R	D	1-1	Birch	12,266
14	Nov	2	(a)	Plymouth A	L	0-1		4,198
15		5	(h)	Bristol R	L	2-3	Bull 2	8,536
16		9	(h)	Derby Co	L	2-3	Coleman (og), Cook (pen)	15,672
17		16	(a)	Millwall	L	1-2	Cook (pen)	9,489
18		23	(h)	Ipswich T	L	1-2	Birch	11,915
19		26	(h)	Grimsby T	W	2-1	Madden, Birch	9,378
20		30	(a)	Portsmouth	L	0-1		11,101
21	Dec	7	(h)	Sunderland	W	1-0	Cook	11,922
22		21	(a)	Port Vale	D	1-1	Bull	8,480
23		26	(h)	Blackburn R	D	0-0		18,277
24		28	(h)	Brighton & HA	W	2-0	Burke, Mutch	13,606
25	Jan	1	(a)	Grimsby T	W	2-0	Birch, Cook	9,158
26		15	(a)	Charlton A	W	2-0	Bull, Bennett	5,703
27		18	(h)	Watford	W	3-0	Cook, Bull, Holdsworth (og)	14,175
28	Feb	1	(h)	Leicester C	W	1-0	Bull	18,574
29		8	(a)	Tranmere R	L	3-4	Cook, Bull, Burke	11,371
30		22	(h)	Portsmouth	D	0-0		15,770
31		29	(a)	Sunderland	L	0-1		20,106
32	Mar	7	(h)	Bristol C	D	1-1	Bull	12,542
33		11	(a)	Bristol R	D	1-1	Bull	6,968
34		14	(h)	Plymouth A	W	1-0	Venus	11,556
35		17	(a)	Bristol C	L	0-2		11,623
36		21	(a)	Derby Co	W	2-1	Birch (pen), Bull	21,024
37		28	(h)	Millwall	D	0-0		11,880
38		31	(h)	Newcastle U	W	6-2	Mutch 3, Bennett, Cook, Bull	14,480
39	Apr	4	(a)	Oxford U	L	0-1		7,165
40		7	(a)	Ipswich T	L	1-2	Mutch	17,379
41		11	(h)	Cambridge U	W	2-1	Rankine, Mutch	11,188
42		14	(a)	Blackburn R	W	2-1	Bull, Birch	14,114
43		18	(a)	Swindon T	L	0-1		10,863
44		20	(h)	Southend U	W	3-1	Bull, Mountfield, Birch	10,953
45		26	(a)	Barnsley	L	0-2		7,244
46	May	2	(h)	Middlesbrough	L	1-2	Mutch	19,123

FINAL LEAGUE POSITION: 11th in Division Two   Appearances

Sub. Appearances

Goals

Stowell	Ashley	Venus	Bennett	Madden	Downing	Birch	Cook	Bull	Mutch	Dennison	Steele	Bellamy	Burke	Clarke W	Paskin	Thompson	Taylor	McLoughlin	Mountfield	Clarke N	Rankine	Kelly	
1	2	3	4	5	6	7	8	9	10	11													1
1	2	3	4	5	6	7*	8	9	10	11	12												2
1	2	3	4	5	6	7	8	9	10	11													3
1	2	3	4	5	6	7	8	9	10	11*	12												4
1	2*	3	4	5	6		8	9	10	11	7	12											5
1	2	3	4	5	6*	12	8	9	10	11	7												6
1	2	3	4	5	6	12	8	9	10	11*	7												7
1	2	3	4	5	6	11	8	9				7*	12	10									8
1	2	3	4	5	6	7	8	9		12			11		10*								9
1	2	3	4	5	6*	7	8	9			12	10		11									10
1	2	3	4	5		7	8*	9			12	6			10	11							11
1	2*	3	4	5	6	7		9	10†	12	8				14	11							12
1	2	3	4	5	6	7		9	10*	11	8					12							13
1	2	3	4	5	6	7	8			11*	10					12	9						14
1	2†	3	4	5	6	7		9		11*	12	14	8				10						15
1	2	3	4	5	6	7	11	9	10							8							16
1	2	3	4	5	6*	7	11	9	10		12					8							17
1	2	3	4*		6	7	11	9	10	12						8	5						18
1	2	3	4	5	6	7	8	9	10							11							19
1	2	3	4*	5		7	8		10	6	12				14		9	11†					20
1	2	3	4	5		7	8		10		11*		12		6†	14	9						21
1	2	3	4	5		7	8	9	10						11		6						22
1	2	3	4*	5		7	8	9	10		12				11		6						23
1	2	3		5		7	8	9	10		4				11		6						24
1	2	3	14	5		7*	8	9	10	12		4†			11		6						25
1	2	3	4	5		7	8	9	10						11		6						26
1	2	3	4	5		7	8	9	10*		12				11		6						27
1	2	3	4	5		7	8*	9			10				11		6	12					28
1	2	3	4	5		7	8*	9		12	10				11		6						29
1	2*	3	4			7	8	9	14	12		10†			11		5	6					30
1		3	4	6	2†	7	8	9	10		12				11*		5	14					31
1	2	3	4		6*	7	8	9	10	11†		12					5	14					32
1	2	3	4	6	11	7	8	9	10*								5	12					33
1	2	3	4	6		7	8	9							11		5	10					34
1	2	3	4	6		7	8	9	12						11*		5	10					35
1	2*	3	4	6	12	7	8	9	10		11						5						36
1		3	4	6	12	7	8	9	10	14		11†				2	5*						37
1	2*	3	4	5	11	7	8	9	10							6		12					38
1	2	3	4*	5	11	7	8	9†	10							6	14	12					39
1	2	3		5	11	7	8	9	10							6	4						40
1	2	3		5	11	7	8	9	10							6	4						41
1	2	3		5	11	7	8	9	10							6	4						42
1	2*	3		5	11	7	8	9	10	12						6	4						43
1	2	3		5	11	7	8	9	10		4					6							44
1	2	3		5	11	7*	8	9	10		14	4†				6		12					45
1	2	3		5	11*	7	8	9	10		4					6							46
46	44	46	37	43	30	43	43	43	35	12	10	1	13	1	1	15	1	3	28	1	10		
			1		2	2			2	10	7	3	5		2	2	2		5	3			
	1	1	2	1		8	8	20	10	1	3		2				1	1					

57

1992-93

1	Aug	15	(a)	Brentford	W	2-0	Dennison, Bull	9,069
2		18	(h)	Leicester C	W	3-0	Bull, Mutch, Birch (pen)	15,821
3		22	(h)	Swindon T	D	2-2	Mutch, Downing	15,493
4		29	(a)	Oxford U	D	0-0		7,592
5	Sep	1	(a)	Barnsley	W	1-0	Birch	6,906
6		5	(h)	Peterborough U	W	4-3	Bull, Burke, Mutch 2	14,532
7		13	(a)	Leicester C	D	0-0		12,965
8		19	(h)	Watford	D	2-2	Bull 2	13,497
9		27	(a)	Birmingham C	W	4-0	Roberts 3, Downing	14,391
10	Oct	4	(h)	West Ham U	D	0-0		14,391
11		10	(a)	Southend U	D	1-1	Mutch	5,498
12		17	(h)	Portsmouth	D	1-1	Birch	14,750
13		25	(a)	Millwall	L	0-2		6,814
14		31	(h)	Derby Co	L	0-2		17,270
15	Nov	3	(a)	Sunderland	L	0-2		15,144
16		7	(h)	Bristol R	W	5-1	Dennison, Bull 2, Burke 2	12,163
17		14	(a)	Notts Co	D	2-2	Dennison, Bull	8,494
18		22	(h)	Charlton A	W	2-1	Burke, Roberts	10,593
19		28	(h)	Grimsby T	W	2-1	Mountfield, Burke	14,240
20	Dec	5	(a)	Cambridge U	D	1-1	Bull	6,429
21		12	(h)	Luton T	L	1-2	Blades	13,932
22		19	(a)	Tranmere R	L	0-3		9,758
23		26	(a)	Newcastle U	L	1-2	Cook	30,137
24		28	(h)	Bristol C	D	0-0		16,419
25	Jan	1	(a)	Watford	L	1-3	Mountfield	6,845
26		17	(h)	Birmingham C	W	2-1	Burke, Mutch	13,560
27		27	(h)	Barnsley	W	1-0	Mutch	11,342
28		30	(a)	Swindon T	L	0-1		10,812
29	Feb	6	(h)	Brentford	L	1-2	Mutch	12,361
30		13	(a)	Peterborough U	W	3-2	Burke, Philliskirk (og), Roberts	9,195
31		20	(h)	Oxford U	L	0-1		12,791
32		27	(h)	Southend U	D	1-1	Bull	11,563
33	Mar	6	(a)	West Ham U	L	1-3	Bull	24,679
34		9	(h)	Notts Co	W	3-0	Bull 2, Johnson (og)	11,482
35		13	(a)	Bristol R	D	1-1	Bull	5,982
36		20	(h)	Cambridge U	L	1-2	Bull	11,473
37		23	(a)	Charlton A	W	1-0	Dennison	7,852
38		27	(h)	Sunderland	W	2-1	Dennison, Sampson (og)	12,731
39	Apr	3	(a)	Grimsby T	L	0-1		5,080
40		7	(a)	Luton T	D	1-1	Bull	7,948
41		10	(h)	Newcastle U	W	1-0	Mutch	17,244
42		12	(a)	Bristol C	L	0-1		11,756
43		17	(h)	Tranmere R	L	0-2		13,060
44		24	(a)	Portsmouth	L	0-2		23,074
45	May	1	(h)	Millwall	W	3-1	Burke, Bradbury 2	12,054
46		8	(a)	Derby Co	L	0-2		15,083

FINAL LEAGUE POSITION: 11th in Division One

Appearances

Sub. Appearances

Goals

Stowell	Ashley	Thompson	Downing	Westley	Blades	Birch	Cook	Bull	Mutch	Dennison	Edwards	Madden	Roberts	Burke	Mountfield	Bennett	Rankine	Jones	Venus	Taylor	Beasant	Steele	Simkin	Bradbury	Turner	
1	2	3	4	5	6	7	8	9	10	11																1
1	2	3	4	5	6	7	8	9	10	11																2
1	2	3	4	5	6	7	8	9	10	11*	12															3
1	2	3	4	5*	6	7	8	9	10	11†		12	14													4
1	2		4	12	6	7		9	10	11	3†	5*	14	8												5
1	2†	14	4	12	6	7	8	9	10		3	5*		11												6
1	2		4	5		7	8	9	10		3			11*	6	12										7
1	2		4*	5		7	8	9	10	12	3		14		6		11									8
1	2	14	4			7	8	9			12	3†	5	10*		6	11									9
1	2		4		6	7	8	9	12		3			10*		5	11									10
1	2		4*		6	7	8	9	10	12	3					5	11									11
1	2		4*		6	7	8	9	10	12	3					5	11									12
1	2		4		6	7	8	9	10	12	3					5	11*									13
1	2		4†		6	7*	8	9	10	11	3			12	5		14									14
	2				6	7	8	9	10	11	3			12	5		4*	1								15
	2				6	7	8	9	10*	11	3		12	4	5			1								16
	2				6	7	8	9		11	3		10*	4	5		12	1								17
	2				6	7	8	9		11	3		10	4	5			1								18
	2				6	7	8	9		11	3		10	4	5			1								19
	2		12		6	7	8	9		11*	3		10	4	5			1								20
	2		11		6	7	8	9			3*	12	10	4	5			1								21
	2		7		6		8	9			3		10*	4	5			1	11	12						22
	2		10		14*		8	9	12		3	6		4	5†		7	1	11							23
	2*		7		6		8	9	12		3	5		4			10	1	11							24
		3	7		6	11	8*	9	10			2		12	5		4	1								25
			7			11*	8	9	10	12	3	6		2	5		4		1							26
			7		14		8	9	10	11*	3	6	12	2	5		4†		1							27
			7		2		8	9	10	11*	3	6	12	4	5				1							28
			7*		2		8	9	10	11	3	6		4	5		12		1							29
			7*		2		8		10	11	3	6	9	4	5			1			12					30
					2		8		10	11	3	6	9	4	5		12	1			7*					31
					2		8	9	10	11	3	6		4	5		7	1								32
1		10			2		8	9	12	11		6		4	5		7*		3							33
1		10	5		2		8	9	12	11	3*	6		4			7									34
1		3	5		2		8	9	10	11		6		4	12		7*									35
1	5	14			2*		8	9	10	11†	3	6		4	12		7									36
1	6	14			2	4	8		10	11	3†		9*	12	5		7									37
1	6	3			2	4	8		10	11			9*	12	5		7									38
1	6		8		2	4		9	10	11				5			7	3								39
1		12	4		6		8	9*	10	11				5			7	3			2					40
1		9	4		6		8		10	11	12			5			7	3				2*				41
1		9	4		6*	14	8		10	11	12			5			7†	3				2				42
1		9				7†	8†		10	11	14	6	12	4	5			3				2				43
1		9					8		10	11	7*	6†	12	4	5			3		14		2				44
		9			5		8		10	11	3		12	4			1	6			2	7*				45
		9			5		8		10		3	12		4			1	6		14	2	7†	11*			46
26	28	15	30	6	38	27	44	36	34	31	33	19	12	27	34		23	16	12		4	1	7	2	1	
		5	1	2	2	1			5	6	2	5	9	5	2	1	4		1		3					
			2		1	3	1	16	9	5			5	8	2						2					

1993-94

1	Aug	14	(h)	Bristol C	W	3-1	Bull 2, Mountfield	21,052
2		22	(a)	Birmingham C	D	2-2	Venus, Thomas	15,117
3		25	(h)	Millwall	W	2-0	Bull, D. Kelly	19,570
4		28	(h)	Middlesbrough	L	2-3	D. Kelly, Thomas	21,061
5	Sep	5	(a)	West Brom A	L	2-3	Bull, Thomas	7,870
6		7	(a)	Watford	L	0-1		25,615
7		11	(h)	Portsmouth	D	1-1	D. Kelly	19,019
8		18	(a)	Sunderland	W	2-0	Small, Thomas	18,292
9		25	(a)	Grimsby T	L	0-2		6,310
10	Oct	2	(h)	Charlton A	D	1-1	Keen	16,907
11		17	(a)	Crystal Palace	D	1-1	D. Kelly	13,056
12		23	(h)	Stoke C	D	1-1	D. Kelly	20,421
13		30	(a)	Southend U	D	1-1	Cook (pen)	8,071
14	Nov	2	(h)	Notts Co	W	3-0	Birch, Keen, Bull	15,989
15		7	(a)	Derby Co	W	4-0	Bull 3, Keen	14,310
16		10	(h)	Nottingham F	D	1-1	D. Kelly	21,621
17		13	(a)	Barnsley	D	1-1	D. Kelly	18,355
18		27	(a)	Leicester C	D	2-2	Bull 2	18,395
19	Dec	5	(h)	Derby Co	D	2-2	Bull, D. Kelly	16,900
20		11	(h)	Watford	W	2-0	Bull, Dennison	17,460
21		18	(a)	Bristol C	L	1-2	D. Kelly	15,151
22		27	(a)	Tranmere R	D	1-1	Bull	15,603
23		28	(h)	Oxford U	W	2-1	Cook (pen), Keen	25,908
24	Jan	1	(a)	Peterborough U	W	1-0	Regis	10,298
25		3	(h)	Bolton W	W	1-0	Dennison	24,053
26		15	(h)	Crystal Palace	W	2-0	Thompson (pen), Cook	23,851
27		23	(a)	Nottingham F	D	0-0		23,008
28	Feb	5	(a)	Stoke C	D	1-1	Blades	22,579
29		12	(h)	Southend U	L	0-1		22,774
30		22	(h)	Birmingham C	W	3-0	Regis, D. Kelly, Keen	24,931
31		26	(h)	West Brom A	L	1-2	Keen	28,039
32	Mar	5	(a)	Middlesbrough	L	0-1		12,092
33		15	(a)	Portsmouth	L	0-3		7,840
34		19	(h)	Grimsby T	D	0-0		20,224
35		25	(a)	Charlton A	W	1-0	Whittingham	8,416
36		29	(a)	Bolton W	W	3-1	Whittingham 2, Thompson	12,405
37	Apr	2	(h)	Tranmere R	W	2-1	Whittingham, Mills	26,592
38		4	(a)	Oxford U	L	0-4		10,423
39		9	(h)	Peterborough U	D	1-1	Whittingham	23,676
40		12	(a)	Luton T	W	2-0	Burke, Whittingham	8,545
41		16	(a)	Notts Co	W	2-0	Thompson (pen), Whittingham	13,438
42		20	(a)	Millwall	L	0-1		11,883
43		23	(h)	Luton T	W	1-0	Whittingham	25,479
44		30	(a)	Barnsley	L	0-2		11,329
45	May	3	(h)	Sunderland	D	1-1	Bull	25,079
46		8	(h)	Leicester C	D	1-1	D. Kelly	27,229

FINAL LEAGUE POSITION: 8th in Division One

Appearances

Sub. Appearances

Goals

#	Stowell	Rankine	Venus	Cook	Mountfield	Blades	Birch	Thomas	Bull	Kelly D	Keen	Regis	Shirtliff	Burke	Thompson	Mills	Dennison	Small	Simkin	Kelly J	Edwards	Bennett	Masters	Marsden	Ferguson	Whittingham	#
1	1	2	3	4	5	6	7	8	9	10*	11	12															1
2	1	2	3	4	5		7	8	9	10*	11	12	6														2
3	1	2	3	4*		5	7	8	9	10	11		6	12													3
4	1	2		4	5	6	7	8	9	10	11			3													4
5	1	2	6	4		5	7	8	9*	10	11	12		3													5
6	1	2*	6	4	12	5	7†	8		11	9		10	3	14												6
7	1	2	6	4†		5	12	8		10	11	9*	3	7		14											7
8	1	2	3			5	7	12	8*		10	11		6	4			9									8
9	1	2	3			5	7	8		9*	10	11		6	4			12									9
10	1		3	7	5						10	11		6	4		12		9*	2	8						10
11	1		3	7	5	4*					10		9	6				11		2	8	12					11
12	1		3	7	5						10	12	9	6		4		11		2	8*						12
13	1		3	7	5					9	10	14	12	6		4		11†		2	8*						13
14	1		4	7	5		8			9	10	11		6		12			2*		3						14
15	1	12	3	7*	5		8			9	10	11		6		2				4							15
16	1		3	8	5		7			9	10	11		6		2				4							16
17	1		3	8	5		7			9	10	11		6		2				4							17
18	1		3	8		7†			9	10	11		6		2	12		5		4							18
19	1		3			5	8		9†	10	11	12	6		2		7		14	4*							19
20	1		3	7		5	8		9	10		6*		2		11			4	12							20
21	1	14	3	7*			8		9	10	12			2		11		5	6†	4							21
22	1		3	7		5	8		9	10	11		6		2				4							22
23	1		3	8		5*			9	10	11	12	6		2		7			4							23
24	1	2	3	7		5	8		9	10	11	12	6							4*							24
25	1	2	4			5	8†	9	10*	11	12	6		3		7					14						25
26	1	2	4			5		9	10	11	6		3										7	8			26
27	1	2	4			5		9	10	11	6		3										7	8			27
28	1	2	4			5			10	11	9	6	3										7	8			28
29	1	2*	4			5			10	11	9	6	14	3		12							7	8†			29
30	1	12	3			5			10	11	9*	6		2							4	7	8				30
31	1		3			5			10	11	9*	6		2	12	7					4		8				31
32	1		3	14		5			10	11		6		2	12	8					4†	7*		9			32
33	1	2	4	12	5*	6	14		10	11			3									7†	8	9			33
34	1	2	4	8		5			10	11		6		3	9							7*	12				34
35	1	2	4	8*		5	12		10†	11		6		3	14							7	9				35
36	1	2	4	8*		5	12			11		6		3	10							7	9				36
37	1	2	4	8†		5	14			11*	12	6		3	10							7	9				37
38	1	2	4	8*	5	6	14			11†	12			3	10							7	9				38
39	1	2		8†	5	4				11*	12	6		3	10	14						7	9				39
40	1		4†	8	12	5*	7				6	11	3		10				2				14	9			40
41	1	2		8	5		7		9*		6	11	3		12				4					10			41
42	1			8†		5	7		9		14		6	11*	3	12			4					10			42
43	1	2		8		5	7		9				6	11	3				4					10			43
44	1	2†		8		5	7		9		14		6	11*	3	12			4					10			44
45	1	2		8		5	7	9	12	11		6		3					4					10*			45
46	1	2	12	8*		5	7		9	10	11		6		2				4								46
	46	28	38	34	17	35	25	8	27	35	36	8	39	10	36	6	10	2	7	4	10	8	4	8	12	13	
		3	1	2	2		7			1	5	11		2	1	8	4	1	1		1	2		2			
			1	2	1	1	1	4	14	11	7	2		1	3	1	2	1						8			

1994-95

#	Month	Date	H/A	Opponent	Result	Score	Scorers	Attendance
1	Aug	13	(h)	Reading	W	1-0	Froggatt	27,012
2		21	(a)	Notts Co	D	1-1	Thompson (pen)	8,569
3		28	(h)	West Brom A	W	2-0	Thompson (pen), Kelly	27,764
4		30	(a)	Watford	L	1-2	Emblen	10,108
5	Sep	3	(a)	Sunderland	D	1-1	Venus	15,111
6		10	(h)	Tranmere R	W	2-0	Stewart, Emblen	27,030
7		13	(h)	Southend U	W	5-0	Emblen, Kelly, Froggatt, Walters, Bull	23,608
8		17	(a)	Burnley	W	1-0	Bull	17,766
9		24	(a)	Portsmouth	W	2-1	Walters, Kelly	13,466
10	Oct	1	(h)	Port Vale	W	2-1	Thompson 2 (2 pen)	27,469
11		8	(a)	Swindon T	L	2-3	Kelly 2	14,036
12		15	(h)	Grimsby T	W	2-1	Thompson (pen), Venus	24,447
13		22	(h)	Millwall	D	3-3	Bull 2, Venus	25,059
14		30	(a)	Stoke C	D	1-1	Bull	15,928
15	Nov	1	(a)	Bristol C	W	5-1	Walters, Thompson (pen), Kelly 3	10,401
16		5	(h)	Luton T	L	2-3	Stewart, Johnson (og)	26,749
17		20	(a)	Middlesbrough	L	0-1		19,953
18		23	(h)	Bolton W	W	3-1	Thompson (pen), Coleman (og), Birch	25,903
19		27	(a)	Derby Co	L	0-2		22,768
20	Dec	4	(a)	Millwall	L	0-1		8,025
21		10	(h)	Notts Co	W	1-0	Bull	25,786
22		18	(a)	Reading	L	2-4	Bull, Quinn (og)	10,136
23		26	(a)	Oldham A	L	1-4	Dennison	11,962
24		28	(h)	Charlton A	W	2-0	Bull, Chapple (og)	26,738
25		31	(a)	Barnsley	W	3-1	Dennison, Mills, Emblen	9,207
26	Jan	2	(h)	Sheffield U	D	2-2	De Wolf (pen), Emblen	27,809
27		14	(h)	Stoke C	W	2-0	Kelly, Dennison	28,298
28	Feb	4	(a)	Bolton W	L	1-5	Goodman	16,964
29		11	(h)	Bristol C	W	2-0	Dennison, Kelly	25,451
30		21	(h)	Middlesbrough	L	0-2		27,611
31		25	(a)	Port Vale	W	4-2	De Wolf 3 (1 pen), Bull	13,676
32	Mar	5	(h)	Portsmouth	W	1-0	Bull	23,284
33		8	(h)	Sunderland	W	1-0	Thompson (pen)	25,926
34		15	(a)	West Brom A	L	0-2		20,661
35		18	(h)	Watford	D	1-1	Thompson	24,380
36		24	(h)	Burnley	W	2-0	Bull, Emblen	25,703
37	Apr	1	(a)	Southend U	W	1-0	Bull	8,522
38		4	(a)	Luton T	D	3-3	Kelly 2, Emblen	9,651
39		8	(h)	Barnsley	D	0-0		26,385
40		12	(a)	Derby Co	D	3-3	Goodman, Richards 2	16,040
41		15	(a)	Charlton A	L	2-3	Bull 2	10,922
42		17	(h)	Oldham A	W	2-1	Kelly 2	25,840
43		22	(a)	Sheffield U	D	3-3	Goodman, Bull, Kelly	16,714
44		29	(a)	Grimsby T	D	0-0		10,112
45	May	3	(a)	Tranmere R	D	1-1	Bull	12,306
46		7	(h)	Swindon T	D	1-1	Thompson (pen)	26,245

FINAL LEAGUE POSITION: 4th in Division One

Appearances
Sub. Appearances
Goals

Stowell	Smith	Thompson	Ferguson	Emblen	Shirtliff	Keen	Thomas	Bull	Kelly	Froggatt	Mills	Blades	Venus	Rankine	Birch	Stewart	Walters	Daley	Bennett	De Wolf	Goodman	Jones	Law	Cowans	Dennison	Masters	Wright	Richards	
1	2	3	4	5	6	7*	8	9*	10	11	12																		1
1	2	3	4		6		8		10	11		5	7	9															2
1	2	3	4	7*	6		8		10	11		5	12		9														3
1	2	3	4*	7	6		8		10†	11		5	12	14	9														4
1	2	3	11	4	6				10*			5	8	12	7	9													5
1	2	3	8	4	6			9	12	11			5			10*	7												6
1	2	3	8	4	6			9	10	11			5				7												7
1	2	3	8	4	6			9	10	11			5				7												8
1	2	3	8		6			9	10	11		5	4				7												9
1	2	3	8		6			9		11		5	4	10			7												10
1	2	3	8		6			9	10			5	4		7		11												11
1	2	3	8*		6			9	10	11		5	4	12			7												12
1	2	3	8		6			9	10	11		5	4				7*		12										13
1	2†	3	12	4*			8	9	10	11		5	6			14	7												14
1	2	3	4				8	9*	10	11		5	6			12	7												15
1	2	3	4	12			8	9*	10	11		5	6			14	7†												16
1		3	4*	7			8		10	11		5	6	2	12	9													17
1		3	4	12			8		10	11		5	6	2	7	9													18
1	12	3*	4	14			8		10	11		5	6	2	7	9†													19
1	2		4*	7			8	9	10	11	12	5	6				3												20
1	2		4	6				9	12	11		14	3	7*				10†	5	8									21
1	2		10	4				9		11*	14	6	3	7	12†			5	8										22
	2		10*	4					9			3	7					5		1	6	8	11	12					23
			4				9*			8	2	3						12	5	7†	1	6	10	11	14				24
			4					12		9*	2	3						8	5	7	1	6	10	11					25
			4					8		9	3	2							5	7	1	6	10	11					26
			4					8		9	2	3		7					5		1	6	10	11					27
		3		4†			12		8		9*	2						14	5	7	1	6	10	11					28
		3		4†					8		12	2		7*				14	5	9	1	6	10	11					29
		3					12	4	8		14		2†	7				5	9	1	6	10	11*						30
		3			6		9*	8			2	12	4					5	7	1		10	11						31
1		3			6			9	8			2		4				5	7			10	11						32
1	2	3			6			9†	8					4				12	5*	7		10	11		14				33
1	2	3		12	6			9†	8					4					7		5	10*	11		14				34
1		3			6		8*	9			2	12	7†					4		10	5		11		14				35
1				10	6			9	8			2	3	4					7		5		11						36
1				4				9	8			2	10						7		5		11	3			6		37
1				4				9	12			2	11		7*				8		5	10	14	3†			6		38
1			14	4*	12			9	8				2						7		5	10	11†	3			6		39
1	3			6				9	8				11	4					7		5	10*			12	2			40
1	3*			6†				9	8			12	11	4					7		5	10			14	2			41
1				6				9	8				3	4					7		5	10	11			2			42
1	12			6				9	8			2*	3	4					7		5	10	11			5			43
1	2			6				9	8				3	4					7		5	10	11			5			44
1	2			6				9	8				3	4					7		5	10	11			5			45
1	2			6				9	8				3	4					7			10	11*			12	5		46
37	24	30	22	23	26	1	13	31	38	20	6	30	35	24	2	5	11	4	13	24	9	17	21	21	3		10		
	1	1	2	4	2		1		4		5	2	4	3	2	3		1	4					1	2	6			
		9		7		1	16	15	2	1		3				1	2	3		4	3			4		2			

1995-96

#	Month	Date	H/A	Opponent	Result	Score	Scorers	Attendance
1	Aug	12	(a)	Tranmere R	D	2-2	Bull, Goodman	11,880
2		20	(h)	West Brom A	D	1-1	Mardon (og)	26,329
3		26	(a)	Sunderland	L	0-2		16,816
4		30	(h)	Derby Co	W	3-0	Daley, Goodman, De Wolf	26,053
5	Sep	2	(a)	Leicester C	L	0-1		18,441
6		9	(h)	Grimsby T	W	4-1	Bull 2, Goodman 2	23,656
7		13	(h)	Norwich C	L	0-2		27,064
8		16	(a)	Southend U	L	1-2	Goodman	6,322
9		23	(h)	Luton T	D	0-0		23,659
10		30	(a)	Port Vale	D	2-2	Goodman, Daley	11,550
11	Oct	7	(a)	Ipswich T	W	2-1	Goodman, Atkins	15,335
12		14	(h)	Stoke C	L	1-4	Thompson (pen)	26,483
13		21	(a)	Watford	D	1-1	Daley	11,319
14		28	(h)	Sheffield U	W	1-0	Bull	23,881
15	Nov	4	(a)	Barnsley	L	0-1		9,668
16		12	(h)	Charlton A	D	0-0		20,450
17		18	(a)	Oldham A	L	1-3	Emblen	23,128
18		22	(a)	Crystal Palace	L	2-3	Thompson (pen), Young	12,571
19		25	(a)	Huddersfield T	L	1-2	Bull	16,423
20	Dec	3	(h)	Ipswich T	D	2-2	Goodman 2	20,867
21		10	(a)	Luton T	W	3-2	Richards, Goodman, Bull	6,997
22		16	(h)	Port Vale	L	0-1		23,329
23		26	(h)	Millwall	D	1-1	Bull	25,591
24		30	(h)	Portsmouth	D	2-2	Bull, Goodman	25,294
25	Jan	13	(a)	West Brom A	D	0-0		21,624
26		20	(h)	Tranmere R	W	2-1	Bull, Goodman	24,173
27	Feb	3	(h)	Sunderland	W	3-0	Thompson (pen), Goodman, Atkins	26,537
28		10	(a)	Derby Co	D	0-0		17,460
29		17	(a)	Norwich C	W	3-2	Bull 2, Goodman	14,691
30		21	(h)	Leicester C	L	2-3	Bull, Law	27,381
31		24	(h)	Southend U	W	2-0	Young, Thompson	24,677
32	Mar	2	(a)	Millwall	W	1-0	Bull	9,131
33		5	(a)	Birmingham C	L	0-2		22,051
34		9	(h)	Reading	D	1-1	Atkins	25,954
35		12	(a)	Grimsby T	L	0-3		5,013
36		16	(a)	Portsmouth	W	2-0	Emblen, Goodman	11,732
37		23	(h)	Birmingham C	W	3-2	Goodman, Thompson (pen), Bull	26,256
38		30	(a)	Watford	W	3-0	Froggatt, Osborn 2	25,885
39	Apr	3	(a)	Stoke C	L	0-2		16,361
40		6	(a)	Sheffield U	L	1-2	Thompson (pen)	16,658
41		8	(h)	Barnsley	D	2-2	Bull, Ferguson (pen)	23,789
42		13	(a)	Oldham A	D	0-0		7,592
43		20	(h)	Crystal Palace	L	0-2		24,350
44		27	(h)	Huddersfield	D	0-0		25,290
45		30	(a)	Reading	L	0-3		12,828
46	May	5	(a)	Charlton A	D	1-1	Crowe	14,023

FINAL LEAGUE POSITION: 20th in Division One

Appearances
Sub. Appearances
Goals

Jones	Thompson	Masters	Emblen	Shirtliff	Richards	Daley	Kelly	Bull	Cowans	Goodman	Stowell	Froggatt	Rankine	De Wolf	Thomas	Ferguson	Pearce	Smith	Young	Atkins	Wright	Williams	Venus	Birch	Foley	Law	Osborn	Samways	Corica	Crowe	
1	2	3	4	5	6	7	8	9	10	11																					1
	2	3	4	5	6	7	8*	9	10	11	1	12																			2
	2	3†			6	12	8	9	10	7*	1	11	4	5	13																3
	3		4		6	7		9		8	1	11	2*	5		10	12														4
	3		4†		6	7*	12	9		8	1		2	5	13	10	11														5
	2				6	7		9	12	8	1	11	4	5		10	3*														6
	2		12		6	7	13	9	14	8†	1	11	4	5		10°	3*														7
	3				6	7		9		8	1	11	4			10		2	5												8
	3				6	7		9	12	8	1		2			10		5	4*	11†	13										9
	3				6	7			9	8	1		2			10		5	4		11*	12									10
	3				6	7*			12	8	1		2			10		5	4	13	11†	9									11
	3	2			6			12	13	8	1°					10*		14	5	4	7	11	9†								12
1	3				6	7		9	10	8			2					5	4			11									13
1	3		12		6*			9	10	8			2					5	4	7		11									14
1	3		12			7*		9	10	8			2	6				5	4	13		11†									15
1	3		9			7		12	10	8			2*	6				5	4	13	11†										16
1	3		4			11†		9	10	8			2	6				5	12		13°		7*	14							17
1	3		4		12			9	10	8			2	6				5		11*			7†	13							18
1	3		4		6			9		8			2	5		12			10			7		11*							19
	3	11*			6			9		8	1		2			4			10			7	12		5						20
	3	11			6			9		8	1		2			4			10			7			5						21
	3	11			6	12		9		8	1		2	5*		4			10†			7	13								22
	3	5			6	7°		9	12	8	1		14			13			4†			2					10	11*			23
	3	5			6	7*		9		8	1		13			12			4			2					10	11†			24
	3				6			9		8	1		2			10*		4	12			5		13			7	11†			25
	3				6			9		8	1		2			10		4	11			5					7				26
	3	5						9		8	1		2			10		4				6					7				27
	2	5						9		8	1					6		10	4	11		3					7				28
	2	5						9		8	1			6*		10		3	4					12	11		7				29
	2	5						9		8	1	12						4	10	13	3			6†	11		7*				30
	2	5						9		8	1					10		4	3					6	11		7				31
	2	5			6*			9		8	1					10		4	3					12	11		7				32
	2	5						9		8	1	12				10		4	3*		13			6†	11		7				33
	2	5			6			9		8	1	12				10*		4	3						11		7				34
	2	5*			6			9		8	1	13				10		12	4	7†		14	3°		11						35
	3	5			6			9		8	1	10						2	4						11		7				36
	3	5			6			9		8	1	10						2	4*	12					11		7				37
	3	5†			6			9		8	1	10				12		2	4			13			11		7*				38
	3				6			9		8	1	10	12			13		2°	4	14		5†			11*		7				39
	2†							9		8	1	3	12	5°		11		13	4	10*		14					7				40
					6			9		8	1	3	5			11		2	4	10*		12					7				41
	3	5			6			9		8†	1	10	12			11		2	4			13					7*				42
	2	5			6			9		12	1	3†	8°	13				10*	4		14	11			7						43
	2	5			6			9		8*	1		7			12		3				4			11		10				44
	2	5			6			9			1		7*			8†		3		12		4			11		10		13		45
	2				6†			9			1		10°			12		3	5	14		4			11		7†		8		46
8	45	3	30	2	36	16	3	42	10	43	38	13	27	14		26	3	10	30	26	4	5	19	5	1	5	21	3	17	1	
		3		1	2	2	2	6	1		5	5	1	2		7	2	3		6	3	7	3	2	4	2		1			
		6	2		1	3		15		16		1		1		1		2	3					1	2		1				

65

1996-97

#	Month	Date	H/A	Opponent	Result	Score	Scorers	Attendance
1	Aug	17	(a)	Grimsby T	W	3-1	Bull 3	7,910
2		24	(h)	Bradford C	W	1-0	Bull	24,171
3		28	(h)	Q.P.R.	D	1-1	Osborn	25,767
4		31	(a)	Norwich C	L	0-1		14,456
5	Sep	6	(h)	Charlton A	W	1-0	Thompson (pen)	21,072
6		10	(a)	Oxford U	D	1-1	Roberts	7,468
7		15	(a)	West Brom A	W	4-2	Roberts 3, Bull	20,711
8		21	(h)	Sheffield U	L	1-2	Thompson (pen)	25,170
9		27	(a)	Swindon T	W	2-1	Ferguson, Foley	8,572
10	Oct	2	(h)	Bolton W	L	1-2	Ferguson	26,540
11		5	(h)	Reading	L	0-1		23,193
12		13	(a)	Southend U	D	1-1	Bull	5,550
13		15	(a)	Portsmouth	W	2-0	Bull 2	7,411
14		19	(h)	Port Vale	L	0-1		22,755
15		27	(a)	Manchester C	W	1-0	Bull	27,296
16		30	(h)	Huddersfield T	D	0-0		22,376
17	Nov	2	(h)	Barnsley	D	3-3	Goodman, Bull, Roberts	22,840
18		17	(h)	Birmingham C	L	1-2	Bull	22,627
19		23	(a)	Crystal Palace	W	3-2	Corica 2, Thomas	20,655
20	Dec	1	(h)	Manchester C	W	3-0	Roberts 2, Dennison	23,911
21		7	(a)	Ipswich T	D	0-0		12,048
22		14	(h)	Oldham A	L	0-1		22,528
23		21	(a)	Tranmere R	W	2-0	Osborn (pen), Bull	9,674
24		26	(h)	Oxford U	W	3-1	Osborn 2, Goodman	26,511
25		28	(a)	Charlton A	D	0-0		12,259
26	Jan	12	(h)	West Brom A	W	2-0	Richards, Roberts	27,336
27		18	(a)	Bolton W	L	0-3		18,980
28		24	(a)	Sheffield U	W	3-2	Atkins, Osborn, Bull	17,490
29		29	(h)	Swindon T	W	1-0	Bull	23,003
30	Feb	1	(h)	Stoke C	W	2-0	Bull 2	27,408
31		8	(a)	Huddersfield T	W	2-0	Froggatt, Bull	15,267
32		15	(h)	Crystal Palace	L	0-3		25,919
33		22	(a)	Barnsley	W	3-1	Bull, Roberts, Froggatt	18,024
34	Mar	1	(h)	Ipswich T	D	0-0		26,700
35		4	(a)	Birmingham C	W	2-1	Bull, Goodman	19,838
36		8	(h)	Tranmere R	W	3-2	Bull 2, Roberts	26,192
37		15	(a)	Oldham A	L	2-3	Bull, Roberts	9,661
38		18	(h)	Stoke C	L	0-1		15,683
39		22	(h)	Bradford C	L	1-2	Goodman	15,351
40		31	(a)	Q.P.R.	D	2-2	Goodman, Curle (pen)	17,376
41	Apr	5	(h)	Norwich C	W	3-2	Thomas, Curle (pen), Roberts	26,938
42		12	(a)	Reading	L	1-2	Atkins	14,852
43		19	(h)	Southend U	W	4-1	Ferguson, Bull, Atkins, Goodman	25,095
44		23	(h)	Grimsby T	D	1-1	Gilkes	25,474
45		27	(a)	Port Vale	W	2-1	Thomas, Atkins	13,615
46	May	4	(h)	Portsmouth	L	0-1		26,031

FINAL LEAGUE POSITION: 3rd in Division One

Appearances

Sub. Appearances

Goals

Stowell	Romano	Froggatt	Atkins	Venus	Richards	Thompson	Corica	Bull	Roberts	Osborn	Ferguson	Smith	Curle	Wright	Emblen	Foley	Crowe	Van der Laan	Dowe	Pearce	Dennison	Leadbeater	Young	Goodman	Thomas	Williams	Law	Gilkes	Robinson	
1	2*	3	4	5	6	7	8	9	10	11	12																			1
1		3	4	5*	6	7	8	9	10	11	12	2																		2
1		3	4	5	6	7	8	9	10	11		2																		3
1		3	4	5	6	7	8	9	10	11		2																		4
1		3	4	5	6	7	8*	9	10	11	12	2																		5
1		3	4*	5	6	7	8†	9	10	11		2	12	13																6
1		3	4	5	6	7	8	9	10	11		2																		7
1		3	4	5	6	7	8*	9	10	11		2	12																	8
1		3	4	5	6	7	12	9	10		8	2†		11*	13															9
1		3	4	5	6	7	12	9	10†		8	2		11*	13															10
1	12	3	4	5	6	7	11°	9	10†		8	2*		13		14														11
1	12	3	4	5	6		8†	9				2*			11	7	10			13										12
1	12	3*	4	5	6		8	9				2			13	11†	7	10												13
1			4	5			8*	9				2			12	11	7	10†	3	13		6								14
1			4	5	6			9				2		10			8	7*	3	11			12							15
1			4†	5	6			9		12		2		8			7	10*	3	11			13							16
1			4	5	6			9	12	11		2		10†			7*	13	3*	14			8							17
1			4	5	6	3		9	10	11		2					7†			12			8*	13						18
1			4	5		2	7	9	10	11				6						3			8							19
1			4	5		2	7*	9	10	11				6				12		3			8							20
1			4	5		2*	7	9	10†	11		12		6						3			13	8						21
1			4	5	12		7°	9	10	11		2		6*			13			3			14	8†						22
1			4	5	12		7	9		11		2		6						3			10	8*						23
1			4	5			7	9		11		2		6						3			10	8						24
1			4	5			7	9		11		2		6						3			10	8						25
1		3*		4	6	12		9	10	11		2	5	7									8							26
1		3	12	4	6	13		9	10	11†		2	5	7°									14	8*						27
1		3	4			2	7	9		11			6	8									10		5					28
1		3	4				7	9		11		2	6	8									10		5					29
1		3	4			2	7	9	12	11			6	8									10*		5					30
1		3	4			2	7	9		11			6	8									10		5					31
1		3	4	12		2†	7°	9	13	11			6	8									10	14	5*					32
1		3	4	5		12	7*	9	10†	11		2	6	8°									13	14						33
1		3	4°	5		12	7	9†	10	11		2*	6	8									13	14						34
1		3†	4	5		2	7	9	12	11		13	6	8									10*							35
1			4	5		3	7†	9	12	11	13	2	6	8									10*							36
1			4	5		3	7°	9	12	11	13	2†	6	8*									10		14					37
1			4	3		2	7*	9	10	11†	12		6	5					14				13	8°						38
1			4	5		3	7	9	12	11		2	6	8†									10*	13						39
1		3	4	5†			7*		9	11	8	2	6										10	12		13				40
1		3	4					9	11*	8		2	5										10	6			7	12		41
1		3*	11	13		12		9		8		2	5										10	6		4	7†			42
1		3*	11			12		9	13	8		2	5	6°									10	14		4	7†			43
1			11	12		3*	13	9	14	8		2	5										10°	6†		4	7			44
1			4	12			7†	9		13	8	2	6				10						11	5°		14	3*			45
1			4†	5		3		9°			8*	2		12		14	10			13				11		6		7		46
46	1	27	44	36	19	26	33	43	24	33	10	36	20		27		5	7	5	4	9		1	19	15	6	4	5	1	
	3		1	4	2	6	3		9	2	6	2	1	3	1	5		1		3		5	1	8	7		3		1	
		2	4		1	2	2	23	12	5	3		2			1							1	6	3		1			

67

1972-73 SEASON
FIRST DIVISION
Liverpool	42	25	10	6	72	42	60
Arsenal	42	23	11	8	57	43	57
Leeds United	42	21	11	10	71	45	53
Ipswich Town	42	17	14	11	55	45	48
Wolves	**42**	**18**	**11**	**13**	**66**	**54**	**47**
West Ham United	42	17	12	13	67	53	46
Derby County	42	19	8	15	56	54	46
Tottenham Hotspur	42	16	13	13	58	48	45
Newcastle United	42	16	13	13	60	51	45
Birmingham City	42	15	12	15	53	54	42
Manchester City	42	15	11	16	57	60	41
Chelsea	42	13	14	15	49	51	40
Southampton	42	11	18	13	47	52	40
Sheffield United	42	15	10	17	51	59	40
Stoke City	42	14	10	18	61	56	38
Leicester City	42	10	17	15	40	46	37
Everton	42	13	11	18	41	49	37
Manchester United	42	12	13	17	44	60	37
Coventry City	42	13	9	20	40	55	35
Norwich City	42	11	10	21	36	63	32
Crystal Palace	42	9	12	21	41	58	30
West Brom. Albion	42	9	10	23	38	62	28

1973-74 SEASON
FIRST DIVISION
Leeds United	42	24	14	4	66	31	62
Liverpool	42	22	13	7	52	31	57
Derby County	42	17	14	11	52	42	48
Ipswich Town	42	18	11	13	67	58	47
Stoke City	42	15	16	11	54	42	46
Burnley	42	16	14	12	56	53	46
Everton	42	16	12	14	50	48	44
Q.P.R.	42	13	17	12	56	52	43
Leicester City	42	13	16	13	51	41	42
Arsenal	42	14	14	14	49	51	42
Tottenham Hotspur	42	14	14	14	45	50	42
Wolves	**42**	**13**	**15**	**14**	**49**	**49**	**41**
Sheffield United	42	14	12	16	44	49	40
Manchester City	42	14	12	16	39	46	40
Newcastle United	42	13	12	17	49	48	38
Coventry City	42	14	10	18	43	54	38
Chelsea	42	12	13	17	56	60	37
West Ham United	42	11	15	16	55	60	37
Birmingham City	42	12	13	17	52	64	37
Southampton *	42	11	14	17	47	68	36
Manchester United *	42	10	12	20	38	48	32
Norwich City *	42	7	15	20	37	62	29

* Three clubs relegated

1974-75 SEASON
FIRST DIVISION
Derby County	42	21	11	10	67	49	53
Liverpool	42	20	11	11	60	39	51
Ipswich Town	42	23	5	14	66	44	51
Everton	42	16	18	8	56	42	50
Stoke City	42	17	15	10	64	48	49
Sheffield United	42	18	13	11	58	51	49
Middlesbrough	42	18	12	12	54	40	48
Manchester City	42	18	10	14	54	54	46
Leeds United	42	16	13	13	57	49	45
Burnley	42	17	11	14	68	67	45
Q.P.R.	42	16	10	16	54	54	42
Wolves	**42**	**14**	**11**	**17**	**57**	**54**	**39**
West Ham United	42	13	13	16	58	59	39
Coventry City	42	12	15	15	51	62	39
Newcastle United	42	15	9	18	59	72	39
Arsenal	42	13	11	18	47	49	37
Birmingham City	42	14	9	19	53	61	37
Leicester City	42	12	12	18	46	60	36
Tottenham Hotspur	42	13	8	21	52	63	34
Luton Town	42	11	11	20	47	65	33
Chelsea	42	9	15	18	42	72	33
Carlisle United	42	12	5	25	43	59	29

1975-76 SEASON
FIRST DIVISION
Liverpool	42	23	14	5	66	31	60
Q.P.R.	42	24	11	7	67	33	59
Manchester United	42	23	10	10	68	42	56
Derby County	42	21	11	10	75	58	53
Leeds United	42	21	9	12	65	46	51
Ipswich Town	42	16	14	12	54	48	46
Leicester City	42	13	19	10	48	51	45
Manchester City	42	16	12	15	64	46	43
Tottenham Hotspur	42	14	15	13	63	63	43
Norwich City	42	16	10	16	58	58	42
Everton	42	15	12	15	60	66	42
Stoke City	42	15	11	16	48	50	41
Middlesbrough	42	15	10	17	46	45	40
Coventry City	42	13	14	15	47	57	40
Newcastle United	42	15	9	18	71	62	39
Aston Villa	42	11	17	14	51	59	39
Arsenal	42	13	10	19	47	53	36
West Ham United	42	13	10	19	48	71	36
Birmingham City	42	13	7	22	57	75	33
Wolves	**42**	**10**	**10**	**22**	**51**	**68**	**30**
Burnley	42	9	10	23	43	66	28
Sheffield United	42	6	10	26	33	82	22

1976-77 SEASON
SECOND DIVISION
Wolves	**42**	**22**	**13**	**7**	**84**	**45**	**57**
Chelsea	42	21	13	8	73	53	55
Nottingham Forest	42	21	10	11	77	43	52
Bolton Wanderers	42	20	11	11	74	54	51
Blackpool	42	17	17	8	58	42	51
Luton Town	42	23	6	15	67	48	48
Charlton Athletic	42	16	16	10	71	58	48
Notts County	42	19	10	13	65	60	48
Southampton	42	17	10	15	72	67	44
Millwall	42	17	13	14	57	53	43
Sheffield United	42	14	12	16	54	63	40
Blackburn Rovers	42	15	9	18	42	54	39
Oldham Athletic	42	14	10	18	52	64	38
Hull City	42	10	17	15	45	53	37
Bristol Rovers	42	12	13	17	53	68	37
Burnley	42	11	14	17	46	64	36
Fulham	42	11	13	18	44	61	35
Cardiff City	42	12	10	20	56	67	34
Orient	42	9	16	17	37	55	34
Carlisle United	42	11	12	19	49	75	34
Plymouth Argyle	42	8	16	18	46	65	32
Hereford United	42	8	15	19	57	78	31

1977-78 SEASON
FIRST DIVISION
Nottingham Forest	42	25	14	3	69	24	64
Liverpool	42	24	9	9	65	34	57
Everton	42	22	11	9	76	45	55
Manchester City	42	20	12	10	74	51	52
Arsenal	42	21	10	11	60	37	52
West Brom. Albion	42	18	14	10	62	53	50
Coventry City	42	18	12	12	75	62	48
Aston Villa	42	18	10	14	57	42	46
Leeds United	42	18	10	14	63	53	46
Manchester United	42	16	10	16	67	63	42
Birmingham City	42	16	9	17	55	60	41
Derby County	42	14	13	15	54	59	41
Norwich City	42	11	18	13	52	66	40
Middlesbrough	42	12	15	15	42	54	39
Wolves	**42**	**12**	**12**	**18**	**51**	**64**	**36**
Chelsea	42	11	14	17	46	69	36
Bristol City	42	11	13	18	49	53	35
Ipswich Town	42	11	13	18	47	61	35
Q.P.R.	42	9	15	18	47	64	33
West Ham United	42	12	8	22	52	69	32
Newcastle United	42	6	10	26	42	78	22
Leicester City	42	5	12	25	26	70	22

1978-79 SEASON
FIRST DIVISION
Liverpool	42	30	8	4	85	16	68
Nottingham Forest	42	21	18	3	61	26	60
West Brom. Albion	42	24	11	7	72	35	59
Everton	42	17	17	8	52	40	51
Leeds United	42	18	14	10	70	52	50
Ipswich Town	42	20	9	13	63	49	49
Arsenal	42	17	14	11	61	48	48
Aston Villa	42	15	16	11	59	49	46
Manchester United	42	15	15	12	60	63	45
Coventry City	42	14	16	12	58	68	44
Tottenham Hotspur	42	13	15	14	48	61	41
Middlesbrough	42	15	10	17	57	50	40
Bristol City	42	15	10	17	47	51	40
Southampton	42	12	16	14	47	53	40
Manchester City	42	13	13	16	58	56	39
Norwich City	42	7	23	12	51	57	37
Bolton Wanderers	42	12	11	19	54	75	35
Wolves	**42**	**13**	**8**	**21**	**44**	**68**	**34**
Derby County	42	10	11	21	44	71	31
Q.P.R.	42	6	13	23	45	73	25
Birmingham City	42	6	10	26	37	64	22
Chelsea	42	5	10	27	44	92	20

1979-80 SEASON
FIRST DIVISION
Liverpool	42	25	10	7	81	30	60
Manchester United	42	24	10	8	65	35	58
Ipswich Town	42	22	9	11	68	39	53
Arsenal	42	18	16	8	52	36	52
Nottingham Forest	42	20	8	14	63	43	48
Wolves	**42**	**19**	**9**	**14**	**58**	**47**	**47**
Aston Villa	42	16	14	12	51	50	46
Southampton	42	18	9	15	65	53	45
Middlesbrough	42	16	12	14	50	44	44
West Brom. Albion	42	11	19	12	54	50	41
Leeds United	42	13	14	15	46	50	40
Norwich City	42	13	14	15	58	66	40
Crystal Palace	42	12	16	14	41	50	40
Tottenham Hotspur	42	15	10	17	52	62	40
Coventry City	42	16	7	19	56	66	39
Brighton & Hove Alb.	42	11	15	16	47	57	37
Manchester City	42	12	13	17	43	66	37
Stoke City	42	13	10	19	44	58	36
Everton	42	9	17	16	43	51	35
Bristol City	42	9	13	20	37	66	31
Derby County	42	11	8	23	47	67	30
Bolton Wanderers	42	5	15	22	38	73	25

1980-81 SEASON
FIRST DIVISION
Aston Villa	42	26	8	8	72	40	60
Ipswich Town	42	23	10	9	77	43	56
Arsenal	42	19	15	8	61	45	53
West Brom. Albion	42	20	12	10	60	42	52
Liverpool	42	17	17	8	62	46	51
Southampton	42	20	10	12	76	56	50
Nottingham Forest	42	19	12	11	62	45	50
Manchester United	42	15	18	9	51	36	48
Leeds United	42	17	10	15	39	47	44
Tottenham Hotspur	42	14	15	13	70	68	43
Stoke City	42	12	18	12	51	60	42
Manchester City	42	14	11	17	56	59	39
Birmingham City	42	13	12	17	50	61	38
Middlesbrough	42	16	5	21	53	61	37
Everton	42	13	10	19	55	58	36
Coventry City	42	13	10	19	48	68	36
Sunderland	42	14	7	21	58	53	35
Wolves	**42**	**13**	**9**	**20**	**47**	**55**	**35**
Brighton & Hove Alb.	42	14	7	21	54	67	35
Norwich City	42	13	7	22	49	73	33
Leicester City	42	13	6	23	40	67	32
Crystal Palace	42	6	7	29	47	83	19

1981-82 SEASON
FIRST DIVISION
Liverpool	42	26	9	7	80	32	87
Ipswich Town	42	26	5	11	75	53	83
Manchester United	42	22	12	8	59	29	78
Tottenham Hotspur	42	20	11	11	67	48	71
Arsenal	42	20	11	11	48	37	71
Swansea City	42	21	6	15	58	51	69
Southampton	42	19	9	14	72	67	66
Everton	42	17	13	12	56	50	64
West Ham United	42	14	16	12	66	57	58
Manchester City	42	15	13	14	49	50	58
Aston Villa	42	15	12	15	55	53	57
Nottingham Forest	42	15	12	15	42	48	57
Brighton & Hove Alb.	42	13	13	16	43	52	52
Coventry City	42	13	11	18	56	62	50
Notts County	42	13	8	21	45	69	47
Birmingham City	42	10	14	18	53	61	44
West Brom. Albion	42	11	11	20	46	57	44
Stoke City	42	12	8	22	44	63	44
Sunderland	42	11	11	20	38	58	44
Leeds United	42	10	12	20	39	61	42
Wolves	**42**	**10**	**10**	**22**	**32**	**63**	**40**
Middlesbrough	42	8	15	19	34	52	39

1982-83 SEASON
SECOND DIVISION
Q.P.R.	42	26	7	9	77	36	85
Wolves	**42**	**20**	**15**	**7**	**68**	**44**	**75**
Leicester City	42	20	10	12	72	44	70
Fulham *	42	20	9	13	64	47	69
Newcastle United	42	18	13	11	75	53	67
Sheffield Wednesday	42	16	15	11	60	47	63
Oldham Athletic	42	14	19	9	64	47	61
Leeds United	42	13	21	8	51	46	60
Shrewsbury Town	42	15	14	13	48	48	59
Barnsley	42	14	15	13	57	55	57
Blackburn Rovers	42	15	12	15	58	58	57
Cambridge United	42	13	12	17	42	60	51
Derby County *	42	10	19	13	49	58	49
Carlisle United	42	12	12	18	68	70	48
Crystal Palace	42	12	12	18	43	52	48
Middlesbrough	42	11	15	16	46	67	48
Charlton Athletic	42	13	9	20	63	86	48
Chelsea	42	11	14	17	51	61	47
Grimsby Town	42	12	11	19	45	70	47
Rotherham United	42	10	15	17	45	68	45
Burnley	42	12	8	22	56	66	44
Bolton Wanderers	42	11	11	20	42	61	44

* Game between Derby and Fulham abandoned after 88 minutes but result allowed to stand at 1-0.

1984-85 SEASON
SECOND DIVISION
Oxford United	42	25	9	8	84	36	84
Birmingham City	42	25	7	10	59	33	82
Manchester City	42	21	11	10	66	40	74
Portsmouth	42	20	14	8	69	50	74
Blackburn Rovers	42	21	10	11	66	41	73
Brighton & Hove Alb.	42	20	12	10	58	34	72
Leeds United	42	19	12	11	66	43	69
Shrewsbury Town	42	18	11	13	66	53	65
Fulham	42	19	8	15	68	64	65
Grimsby Town	42	18	8	16	72	64	62
Barnsley	42	14	16	12	42	42	58
Wimbledon	42	16	10	16	71	75	58
Huddersfield Town	42	15	10	17	52	64	55
Oldham Athletic	42	15	8	19	49	67	53
Crystal Palace	42	12	12	18	46	65	48
Carlisle United	42	13	8	21	50	67	47
Charlton Athletic	42	11	12	19	51	63	45
Sheffield United	42	10	14	18	54	66	44
Middlesbrough	42	10	10	22	41	57	40
Notts County	42	10	7	25	45	73	37
Cardiff	42	9	8	25	47	79	35
Wolves	**42**	**8**	**9**	**25**	**37**	**79**	**33**

1986-87 SEASON
FOURTH DIVISION
Northampton Town	46	30	9	7	103	53	99
Preston North End	46	26	12	8	72	47	90
Southend United	46	25	5	16	68	55	80
Wolves	**46**	**24**	**7**	**15**	**69**	**50**	**79**
Colchester United	46	21	7	18	64	56	70
Aldershot	46	20	10	16	64	57	70
Orient	46	20	9	17	64	61	69
Scunthorpe United	46	18	12	16	73	57	66
Wrexham	46	15	20	11	70	51	65
Peterborough United	46	17	14	15	57	50	65
Cambridge United	46	17	11	18	60	62	62

1983-84 SEASON
FIRST DIVISION
Liverpool	42	22	14	6	73	32	80
Southampton	42	22	11	9	66	38	77
Nottingham Forest	42	22	8	12	76	45	74
Manchester United	42	20	14	8	71	41	74
Q.P.R.	42	22	7	13	67	37	73
Arsenal	42	18	9	15	74	60	63
Everton	42	16	14	12	44	42	62
Tottenham Hotspur	42	17	10	15	64	65	61
West Ham United	42	17	9	16	60	55	60
Aston Villa	42	17	9	16	59	61	60
Watford	42	16	9	17	68	77	57
Ipswich Town	42	15	8	19	55	57	53
Sunderland	42	13	13	16	42	53	52
Norwich City	42	12	15	15	48	49	51
Leicester City	42	13	12	17	65	68	51
Luton Town	42	14	9	19	53	66	51
West Brom. Albion	42	14	9	19	48	62	51
Stoke City	42	13	11	18	44	63	50
Coventry City	42	13	11	18	57	77	50
Birmingham City	42	12	12	18	39	50	48
Notts County	42	10	11	21	50	72	41
Wolves	**42**	**6**	**11**	**25**	**27**	**80**	**29**

1985-86 SEASON
THIRD DIVISION
Reading	46	29	7	10	67	50	94
Plymouth Argyle	46	26	9	11	88	53	87
Derby County	46	23	15	8	80	41	84
Wigan Athletic	46	23	14	9	82	48	83
Gillingham	46	22	13	11	81	54	79
Walsall	46	22	9	15	90	64	75
York City	46	20	11	15	77	58	71
Notts County	46	19	14	13	71	60	71
Bristol City	46	18	14	14	69	60	68
Brentford	46	18	12	16	58	61	66
Doncaster Rovers	46	16	16	14	45	52	64
Blackpool	46	17	12	17	66	55	63
Darlington	46	15	13	18	61	78	58
Rotherham United	46	15	12	19	61	59	57
Bournemouth	46	15	9	22	65	72	54
Bristol Rovers	46	14	12	20	51	75	54
Chesterfield	46	13	14	19	61	64	53
Bolton Wanderers	46	15	8	23	54	68	53
Newport County	46	11	18	17	52	65	51
Bury	46	12	13	21	63	65	49
Lincoln City	46	10	16	20	55	77	46
Cardiff City	46	12	9	25	53	83	45
Wolves	**46**	**11**	**10**	**25**	**57**	**98**	**43**
Swansea	46	11	10	25	43	87	43

Swansea City	46	17	11	18	56	61	62
Cardiff City	46	15	16	15	48	50	61
Exeter City	46	11	23	12	53	49	56
Halifax City	46	15	10	21	59	74	55
Hereford United	46	14	11	21	60	61	53
Crewe Alexandra	46	13	14	19	70	72	53
Hartlepool United	46	11	18	17	44	65	51
Stockport County	46	13	12	21	40	69	51
Tranmere Rovers	46	11	17	18	54	72	50
Rochdale	46	11	17	18	54	73	50
Burnley	46	12	13	21	53	74	49
Torquay United	46	10	18	18	56	72	48
Lincoln City	46	12	12	22	45	65	48

1987-88 SEASON
FOURTH DIVISION
Wolves	46	27	9	10	82	43	90
Cardiff City	46	24	13	9	66	41	85
Bolton Wanderers	46	22	12	12	66	42	78
Scunthorpe United	46	20	17	9	76	51	77
Torquay United	46	21	14	11	66	41	77
Swansea City	46	20	10	16	62	56	70
Peterborough United	46	20	10	16	52	53	70
Leyton Orient	46	19	12	15	85	63	69
Colchester United	46	19	10	17	47	51	67
Burnley	46	20	7	19	57	62	67
Wrexham	46	20	6	20	69	58	66
Scarborough	46	17	14	15	56	48	65
Darlington	46	18	11	17	71	69	65
Tranmere Rovers	46	19	9	18	61	53	64
Cambridge United	46	16	13	17	50	52	61
Hartlepool United	46	15	14	17	50	57	59
Crewe Alexandra	46	13	19	14	57	53	58
Halifax Town	46	14	14	18	54	59	55
Hereford United	46	14	12	20	41	59	54
Stockport County	46	12	15	19	44	58	51
Rochdale	46	11	15	20	47	76	48
Exeter City	46	11	13	22	53	68	46
Carlisle United	46	12	8	26	57	86	44
Newport County	46	6	7	33	35	105	25

Tranmere Rovers 2 points deducted
Halifax Town 1 point deducted

1989-90 SEASON
SECOND DIVISION
Leeds United	46	24	13	9	79	52	85
Sheffield United	46	24	13	9	78	58	85
Newcastle United	46	22	14	10	80	55	80
Swindon Town	46	20	14	12	79	59	74
Blackburn Rovers	46	19	17	10	74	59	74
Sunderland	46	20	14	12	70	64	74
West Ham United	46	20	12	14	80	57	72
Oldham Athletic	46	19	14	13	70	57	71
Ipswich Town	46	19	12	15	67	66	69
Wolves	**46**	**18**	**13**	**15**	**67**	**60**	**67**
Port Vale	46	15	16	15	62	57	61
Portsmouth	46	15	16	15	62	65	61
Leicester City	46	15	14	17	67	79	59
Hull City	46	14	16	16	58	65	58
Watford	46	14	15	17	58	60	57
Plymouth Argyle	46	14	13	19	58	63	55
Oxford United	46	15	9	22	57	66	54
Brighton & Hove Alb.	46	15	9	22	56	72	54
Barnsley	46	13	15	18	49	71	54
West Brom. Albion	46	12	15	19	67	71	51
Middlesbrough	46	13	11	22	52	63	50
Bournemouth	46	12	12	22	57	76	48
Bradford City	46	9	14	23	44	68	41
Stoke City	46	6	19	21	35	63	37

1991-92 SEASON
SECOND DIVISION
Ipswich Town	46	24	12	10	70	50	84
Middlesbrough	46	23	11	12	58	41	80
Derby County	46	23	9	14	69	51	78
Leicester City	46	23	8	15	62	55	77
Cambridge United	46	19	17	10	65	47	74
Blackburn Rvrs	46	21	11	14	70	53	74
Charlton Athletic	46	20	11	15	54	48	71
Swindon Town	46	18	15	13	69	55	69
Portsmouth	46	19	12	15	65	51	69
Watford	46	18	11	17	51	48	65
Wolves	**46**	**18**	**10**	**18**	**61**	**54**	**64**

1988-89 SEASON
THIRD DIVISION
Wolves	46	26	14	6	96	49	92
Sheffield United	46	25	9	12	93	54	84
Port Vale	46	24	12	10	78	48	84
Fulham	46	22	9	15	69	67	75
Bristol Rovers	46	19	17	10	67	51	74
Preston North End	46	19	15	12	79	60	72
Brentford	46	18	14	14	66	61	68
Chester City	46	19	11	16	64	61	68
Notts County	46	18	13	15	64	54	67
Bolton Wanderers	46	16	16	14	58	54	64
Bristol City	46	18	9	19	53	55	63
Swansea City	46	15	16	15	51	53	61
Bury	46	16	13	17	55	67	61
Huddersfield Town	46	17	9	20	63	73	60
Mansfield Town	46	14	17	15	48	52	59
Cardiff City	46	14	15	17	44	56	57
Wigan Athletic	46	14	14	18	55	53	56
Reading	46	15	11	20	68	72	56
Blackpool	46	14	13	19	56	59	54
Northampton Town	46	16	6	24	66	76	54
Southend United	46	13	15	18	56	75	54
Chesterfield	46	14	7	25	51	86	49
Gillingham	46	12	4	30	47	81	40
Aldershot	46	8	13	25	48	78	37

1990-91 SEASON
SECOND DIVISION
Oldham Athletic	46	25	13	8	83	53	88
West Ham United	46	24	15	7	60	34	87
Sheffield Wednesday	46	22	16	8	80	51	82
Notts County	46	23	11	12	76	55	80
Millwall	46	20	13	13	70	51	73
Brighton & Hove Alb.	46	21	7	18	63	69	70
Middlesbrough	46	20	9	17	66	47	69
Barnsley	46	19	12	15	63	48	69
Bristol City	46	20	7	19	68	71	67
Oxford United	46	14	19	13	69	66	61
Newcastle United	46	14	17	15	49	56	59
Wolves	**46**	**13**	**19**	**14**	**63**	**63**	**58**
Bristol Rovers	46	15	13	18	56	59	58
Ipswich Town	46	13	18	15	60	68	57
Port Vale	46	15	12	19	56	64	57
Charlton Athletic	46	13	17	16	57	61	56
Portsmouth	46	14	11	21	58	70	53
Plymouth Argyle	46	12	17	17	54	68	53
Blackburn Rovers	46	14	10	22	51	66	52
Watford	46	12	15	19	45	59	51
Swindon Town	46	12	14	20	65	73	50
Leicester City	46	14	8	24	60	83	50
West Brom. Albion	46	10	18	18	52	61	48
Hull City	46	10	15	21	57	85	45

Southend United	46	17	11	18	63	63	62
Bristol Rovers	46	16	14	16	60	63	62
Tranmere Rovers	46	14	19	13	56	56	61
Millwall	46	17	10	19	64	71	61
Barnsley	46	16	11	19	46	57	59
Bristol City	46	13	15	18	55	71	54
Sunderland	46	14	11	21	61	65	53
Grimsby Town	46	14	11	21	47	62	53
Newcastle United	46	13	13	20	66	84	52
Oxford United	46	13	11	22	66	73	50
Plymouth Argyle	46	13	9	24	42	64	48
Brighton & Hove Alb.	46	12	11	23	56	77	47
Port Vale	46	10	15	21	42	59	45

71

1992-93 SEASON

FIRST DIVISION

Newcastle United	46	29	9	8	92	38	96
West Ham United	46	26	10	10	81	41	88
Portsmouth	46	26	10	10	80	46	88
Tranmere Rovers	46	23	10	13	72	56	79
Swindon Town	46	21	13	12	74	59	76
Leicester City	46	22	10	14	71	64	76
Millwall	46	18	16	12	65	53	70
Derby County	46	19	9	18	68	57	66
Grimsby Town	46	19	7	20	58	57	64
Peterborough United	46	16	14	16	55	63	62
Wolves	**46**	**16**	**13**	**17**	**57**	**56**	**61**
Charlton Athletic	46	16	13	17	49	46	61
Barnsley	46	17	9	20	56	60	60
Oxford United	46	14	14	18	53	56	56
Bristol City	46	14	14	18	49	67	56
Watford	46	14	13	19	57	71	55
Notts County	46	12	16	18	55	70	52
Southend United	46	13	13	20	54	64	52
Birmingham City	46	13	12	21	50	72	51
Luton Town	46	10	21	15	48	62	51
Sunderland	46	13	11	22	50	64	50
Brentford	46	13	10	23	52	71	49
Cambridge United	46	11	16	19	48	69	49
Bristol Rovers	46	10	11	25	55	87	41

1994-95 SEASON

FIRST DIVISION

Middlesbrough	46	23	13	10	67	40	82
Reading	46	23	10	13	58	44	79
Bolton Wanderers	46	21	14	11	67	45	77
Wolves	**46**	**21**	**13**	**12**	**77**	**61**	**76**
Tranmere Rovers	46	22	10	14	67	58	76
Barnsley	46	20	12	14	63	52	72
Watford	46	19	13	14	52	46	70
Sheffield United	46	17	17	12	74	55	68
Derby County	46	18	12	16	66	51	66
Grimsby Town	46	17	14	15	62	56	65
Stoke City	46	16	15	15	50	53	63
Millwall	46	16	14	16	60	60	62
Southend United	46	18	8	20	54	73	62
Oldham Athletic	46	16	13	17	60	60	61
Charlton Athletic	46	16	11	19	58	66	59
Luton Town	46	15	13	18	61	64	58
Port Vale	46	15	13	18	58	64	58
West Brom. Albion	46	16	10	20	51	57	58
Portsmouth	46	15	13	18	53	63	58
Sunderland	46	12	18	16	41	45	54
Swindon Town	46	112	12	22	54	73	48
Burnley	46	11	13	22	49	74	46
Bristol City	46	11	12	23	42	63	45
Notts County	46	9	13	24	45	66	40

1996-97 SEASON

FIRST DIVISION

Bolton Wanderers	46	28	14	4	100	53	98
Barnsley	46	22	14	10	76	55	80
Wolves	**46**	**22**	**10**	**14**	**68**	**51**	**76**
Ipswich Town	46	20	14	12	68	50	74
Sheffield United	46	20	13	13	75	52	73
Crystal Palace	46	19	14	13	78	48	71
Portsmouth	46	20	8	18	59	53	68
Port Vale	46	17	16	13	58	55	67
Q.P.R.	46	18	12	16	64	60	66
Birmingham City	46	17	15	14	52	48	66
Tranmere Rovers	46	17	14	15	63	56	65

1993-94 SEASON

FIRST DIVISION

Crystal Palace	46	27	9	10	73	46	90
Nottingham Forest	46	23	14	9	74	49	83
Millwall	46	19	17	10	58	49	74
Leicester City	46	19	16	11	72	59	73
Tranmere Rovers	46	21	9	16	69	53	72
Derby County	46	20	11	15	73	68	71
Notts County	46	20	7	9	65	69	68
Wolves	**46**	**17**	**17**	**12**	**60**	**47**	**68**
Middlesbrough	46	18	13	15	66	54	67
Stoke City	46	18	13	15	57	59	67
Charlton Athletic	46	19	8	19	61	58	65
Sunderland	46	19	8	19	54	57	65
Bristol City	46	16	16	14	47	50	64
Bolton Wanderers	46	15	14	17	63	64	59
Southend United	46	17	8	21	63	67	59
Grimsby Town	46	13	20	13	52	47	59
Portsmouth	46	15	13	18	52	58	58
Barnsley	46	16	7	23	55	67	55
Watford	46	15	9	22	66	80	54
Luton Town	46	14	11	21	56	60	53
West Brom. Albion	46	13	12	21	60	69	51
Birmingham City	46	13	11	12	42	69	51
Oxford United	46	13	10	23	54	75	49
Peterborough United	46	8	13	25	48	76	37

1995-96 SEASON

FIRST DIVISION

Sunderland	46	22	17	7	59	33	83
Derby County	46	21	16	8	69	48	79
Crystal Palace	46	20	15	11	67	48	75
Stoke City	46	20	13	13	60	49	73
Leicester City	46	19	14	13	66	60	71
Charlton Athletic	46	17	20	9	57	45	71
Ipswich Town	46	19	12	15	79	69	69
Huddersfield Town	46	17	12	17	61	58	63
Sheffield United	46	16	14	16	57	54	62
Barnsley	46	14	18	14	60	66	60
West Brom. Albion	46	16	12	18	60	68	60
Port Vale	46	15	15	16	59	66	60
Tranmere Rovers	46	14	17	15	64	60	59
Southend United	46	15	14	17	52	61	59
Birmingham City	46	15	13	18	61	64	58
Norwich City	46	14	15	17	59	55	57
Grimsby Town	46	14	14	18	55	69	56
Oldham Athletic	46	14	14	18	54	50	56
Reading	46	13	17	16	54	63	56
Wolves	**46**	**13**	**16**	**17**	**56**	**62**	**55**
Portsmouth	46	13	13	20	61	69	52
Millwall	46	13	13	20	43	63	52
Watford	46	10	18	18	62	70	48
Luton Town	46	11	12	23	40	64	45

Stoke City	46	18	10	18	51	57	64
Norwich City	46	17	12	17	63	68	63
Manchester City	46	17	10	19	59	60	61
Charlton Athletic	46	16	11	19	52	66	59
West Brom. Albion	46	14	15	17	68	72	57
Oxford United	46	16	9	21	64	68	57
Reading	46	15	12	19	58	67	57
Swindon Town	46	15	9	22	52	71	54
Huddersfield Town	46	13	15	18	48	61	54
Bradford City	46	12	12	22	47	72	48
Grimsby Town	46	11	13	22	60	81	46
Oldham Athletic	46	10	13	23	51	66	43
Southend United	46	8	15	23	42	86	39